青弓社ライブラリー 86

SEIKYUSHA LIBRARY

犯罪の世間学

なぜ日本では略奪も暴動もおきないのか

佐藤直樹

青弓社

犯罪の世間学——なぜ日本では略奪も暴動もおきないのか／目次

装丁――伊勢功治

はじめに

地獄の数は数知れず。
解放ってやつはまだ来ない。
時はすぎる。そのうち天国だって来るだろう
おれたちぬきの天国が。
（ベルトルト・ブレヒト「赤軍兵士の歌[1]」）

なぜ日本では略奪も暴動もおきないのか。私の答えは簡単である。それは「世間」があるからだ。本書でいいたいことは、これに尽きる。

二〇一一年の東日本大震災のときに海外のメディアから絶賛されたのは、外国だったらこうした無秩序状態で当然おこりうる略奪も暴動もなく、被災者が避難所できわめて整然と行動していたことだった。つまり、諸外国と比較したときの日本の犯罪率の圧倒的低さや治安のよさだった。

いったいなぜなのか。日本には外国には存在しない「世間」があり、法よりも「世間」のルールのほうがはるかに優先されるため、法秩序が崩壊した状態でも、それが外国のように略奪や暴動にただちに結び付かないのだ。日本人はみな、法のルール以前に、「世間」のルールに縛られている

のである。

世間学の創始者である阿部謹也がいうように、日本には社会という言葉があるが、それは一八七七年ごろに society の訳語として造られたものである。いうまでもなく、江戸時代に社会は存在しなかった。

その実質は、百四十年近くたったいまでも日本には根づいていない。その代わりに伝統的に存在し続けてきたのが「世間」だった。その「世間」に、日本人はいまだがんじがらめに縛られている。現在、先進工業国のなかでダントツの治安のよさを誇っているのは、この「世間」が存在するからである。

ところが巷で人気がある考え方によれば、「世間」は「第一の開国」としての明治以降の近代化とともに徐々に解体し、最終的には消滅すべきものだとされている。現代社会は犯罪が増加し治安が悪化しつつあるが、それはたとえば昭和三十年代（一九六〇年前後の十年）をテーマにした『三丁目の夕日』(2)で描かれているような牧歌的時代に比べて、「世間」の人々のつながりが希薄になり、個人がバラバラになったためだとされる。

しかし一九五〇年代からの歴史を考えてみても、現在に至るまで犯罪は明らかに減少傾向にあるし、「世間」は解体も消滅もしていない。九〇年代末以降顕著になった日本の刑事司法での厳罰化も、①人々のつながりの希薄化、②そのための犯罪の増加や凶悪化、③それを防止するための厳罰化、という図式からは説明できないのだ。

そこでまず本書で明らかにしたいのは、現在の日本で生じている厳罰化が、犯罪の増加や治安の悪化によるものではなく、もともとあった「世間」が前景化したこと、すなわち「世間」の「復活」によるものだったことである。

その最大の理由は、一九九〇年代末以降の「第二の開国」ともいうべき、グローバル化にともなう新自由主義の本格的台頭である。成果主義に代表される新自由主義は、人々を「万人の万人に対する闘争」ともいうべき競争的環境に叩き込んだ。「世間」は無理難題を強いられ、そのため「世間」のさまざまなルールの肥大化がおきた。その結果、「世間」全体が深刻なストレスをため込んでいき、異質なものを排除する同調圧力が強まったのである。

もう一つ、本書で明らかにしたいのは、「世間」という〈共同幻想〉のチカラの巨大さ・強固さ・執拗さである。日本の「世間」はあらゆる反抗や反逆や反乱を、最終的に回収していく強大なチカラをもっている。しかもいま「世間」は、辺見庸がいう「新しいファシズム」を胚胎する土壌になりつつある。

私は一九五一年生まれで、団塊の世代の少し下にあたる。学生時代には青や黒（どーだ、懐かしいだろう）のヘルメットをかぶって、当時後退局面にあった全共闘運動に多少関わり、七〇年代初めには、ちょっとした学内の出入りに連座して警察の留置場にブチこまれたり、大学から処分をくらったりしていた。いまは一応由緒正しい刑法学者だが、刑法を本格的にやろうと思ったのは、このときの個人的ウラミによるところが大きい。

それはともかくとして、私たちの世代は、大学では、どちらかといえばあまりおいしい目にはあえなかったように思う。上の世代がやりたい放題にしていった廃墟のなかで、いわば引っ越しの荷物整理とか掃除とかいった、後始末ばかりやらされていたような気がする。

総じて団塊の世代は評判が悪い。学生時代には好き勝手をし、就職のために長い髪を切り、企業に入って組合運動をやったりもする。が、そのうち管理職になると、そのときの経験を生かして今度は組合を弾圧したりする。さらに退職したあとは、急に昔を思い出して反原発デモに参加し始めたりする。

節操がないといえばそうなのだが、それを非難したいわけではない。ここで問題なのは、連合赤軍事件に象徴されるように、一九七〇年以降の全共闘運動は敗北の歴史といっていいが、それでは全共闘はいったい何に負けたのか、ということである。学生のデモ隊が、機動隊の壁をぶち破れなかったから負けたのか。つまり国家権力という強大な暴力装置に負けたのか。

そうではない。日本人ががんじがらめに縛られているが、同時にごくありふれたものである「世間」という権力に負けたのだ。これは日本では、全共闘にせよ、暴走族にせよ、ヤンキーにせよ、ロック少年にせよ、あらゆる若者の反抗や反逆や反乱が単なる「若気の至り」として、結局のところ「世間」という日常的な秩序に圧倒的に回収されていくことを示している。

私はかつて、「世間」を「日本人が集団になったときに発生する力学」と定義したことがあるが、これは、「世間」がある種の権力として作動していることを意味する。そのため「世間」は、個人を集団に従わせる強力な同調圧力をもつ。とくに一九九〇年代末以降、この同調圧力がひどく強まっているのを、ひしひしと感じる。「世間」がもつこの巨大さ・強固さ・執拗さを、本書全体を通じて浮き彫りにしたいと思う。

最後に、本書の構成をごく簡単に紹介しておこう。

まず、第1章の「犯罪を抑止する「世間」」では、「世間」がいかに巨大なチカラをもち、どうやって用意周到に日本人を、津々浦々にわたって支配しているかを明らかにしたい。その結果、日本は世界に冠たる自殺率の高さと、犯罪率の低さを誇ることになった、という話である。キーワードは、「既読スルー」「ママカースト」「人間平等主義」「多神教」「空気」「しかたがない」「自己抑制」「ケガレ」「ゆるし」といったところか。

次に、第2章の「犯罪／処罰を取り巻く「世間」」では、少し専門的になるが、一九九〇年代末以降、ヨーロッパ産の「処罰福祉主義」という刑法上の考え方が後退し、日本で「自己責任論」に基づく排除＝厳罰化がなぜ進んだのか、という話をしたい。また、この厳罰化という「世間」の空気が、「新しいファシズム」の土壌になっていることも語ってみたい。キーワードは、「後期近代」「新自由主義」「ペナル・ポピュリズム」「共感過剰シンドローム」「家制度」「すみません」「丑寅」「忖度」「自粛」あたりか。

さらに、第3章の「犯罪を生み出す「世間」」では、世間学の立場からいってとても興味深い、近年おきた三つの事件を取り上げて、もう一度、「世間」がもつ巨大さ・強固さ・執拗さを確認したい。キーワードは、「ヤケクソ型犯罪」「負け組」「人生格差犯罪」「埒外の民」「被虐うつ」「人を殺してみたい」「サイコパス」「発達障害」「承認の二重化」などである。

注

（1）「赤軍兵士の歌」野村修訳、ベルトルト・ブレヒト、野村修責任編集『ベルトルト・ブレヒトの仕事3 ブレヒトの詩 新装新版』（野村修／長谷川四郎訳）所収、河出書房新社、二〇〇七年、九三ページ

（2）西岸良平『三丁目の夕日』小学館、一九七四年―

第１章　犯罪を抑止する「世間」

日本の「世間」は犯罪抑止力として作動している。このチカラは巨大で強固で執拗である。第１章では、世間論全般のおさらいを簡単にしたうえで、「世間」にどういう独特のチカラがあるのかを示し、海外と比べて日本の犯罪率が低い理由を解析したい。

1　世間論素描

ここではまず、阿部謹也によって創始された世間学のアウトラインを素描する。「世間」は日本人にとって、そのなかに生まれ、死んでいき、そしてあの世に行ったあとも所属している一種の準拠集団だが、それは〈共同幻想〉という共同観念であるために、対象化することがきわめて困難な存在である。

社会はタテマエにすぎない

日本には西欧には存在しない独特の「世間」があり、その「世間」が日本社会の隅々までを支配している。つまり日本人は「世間」にがんじがらめに縛られている。しかしこれを対象化することはきわめて難しい。簡単に取り出して考察できるような実体的なものではなく、いわば一種の〈共同幻想〉として、日本人の頭のなかに完全に刷り込まれているからだ。

そのため「世間」は、大多数の日本人にとって、あえてわざわざ考えるまでもないまったく自明のものである。私は世間論について一般の人を相手に講演をする機会があるが、ほとんどの人にとって初めて聞く話だといわれるし、聴衆の九割以上に「何のこっちゃ?」という顔をされる。そういってはなんだが、たぶん理解してもらえる人は一割いない。

おそらく「世間」は、それとぶつかりひどい目にあったりする経験があれば意識せざるをえないが、そうでないかぎり、誰しも日常的に関わってはいるが、いちいち考えずにすむような対象である。だが、何かコトがおきていったん意識し始めると、「世間」はまったく違った異様な相貌を見せてくる。

こうしたことを二十数年前に日本で初めて明らかにしたのが、歴史学者の阿部謹也である。(1) 阿部はドイツ中世史の専門家だが、中世のドイツでの人的関係が、現在の日本の「世間」という人的関係に似ていることに気づく。ドイツでは長い歴史の間に「世間」は消滅し、社会という別の人的関係に代わる。ところが日本では、「世間」が消滅せず連綿と生き続けている。

いったいなぜなのか。

阿部によれば、ヨーロッパでは十一世紀から十二世紀ごろには、都市化とキリスト教の「告解」の普及によって、個人が生まれ、社会が形成された。とくに「告解」は、一二一五年のラテラノ公会議で、成人男女が年に一回教会で自分の内面を神に告白することを義務づけられ、その結果歴史上初めて、内面をもつ個人が誕生した。

この個人を基礎として「世間」という人的関係が否定され、社会という人的関係が形成される。しかし日本では、キリスト教が支配した歴史もないし、「告解」の伝統もない。そのため個人も社会も形成されなかったのだ。

社会という言葉は、西欧からの輸入語として、一八七七年ごろ society を翻訳して造語された言葉である。当然のことながら江戸時代に society はなかった。明治の人が偉かったのは、society をそれと似た言葉である「世間」と訳さなかったことだ。それは、society が定義上、individual の集合体であり、それが人間の尊厳性や人権と不可分なものだということに気づいていたからだろう。

もちろん individual も同じで、江戸時代にはなく、八四年ごろに個人と翻訳された。

それから百四十年近く過ぎたが、これらの言葉は日本に定着したといえるか。阿部は現在でも society も individual も存在しないという。「第一の開国」というべき時代である明治期に、日本は西欧にならって急速な近代化をおこなった。科学技術や政治制度や法制度を輸入し、それらの近代化には成功した。

しかし、西欧の科学や政治や法の根底にあり、それを支えている、人的関係としての社会の輸入には失敗した。その結果、社会に変わらないままに「世間」が連綿と生き続けた。「世間」は万葉以来千年の歴史がある。いまや日本は先進工業国のうちでは、ほとんど類を見ないような、きわめて古い人的関係を保存している不思議の国である。

社会という言葉は、いま現在、言葉のうえでは定着しているといえる。私たちはふつうに、社会人とか社会学とか社会変革とか社会福祉といった言葉を使う。しかしそれはあくまでもタテマエの話であって、ホンネはいつも「世間」のほうにある。

つまり明治期に西欧という外部からやってきた社会は、土台としてもともとあった「世間」のうえに、上部構造としてちょこんと乗っかっただけである。その結果日本人は、タテマエとしての社会と、ホンネとしての「世間」という二重構造のなかで、分裂的に生きることを余儀なくされた。基本的にその構造は現在でも変わらない。

二〇一四年に、下仁田ネギを有権者に配ったとして公職選挙法違反を疑われた小渕優子議員の事件を思い出してほしい。国会議員は、国会に行けば社会の言葉でしゃべり、行動するが、選挙区であるクニに帰れば「世間」の言葉でしゃべり、行動する。国会の言葉や行動はあくまでもタテマエであり、ホンネのほうはクニの言葉や行動にある。下仁田ネギはその象徴である。誰もこの矛盾を不思議だとは思わない。

「第一の開国」以来日本人は、社会／世間の二重構造が生み出す矛盾と分裂のなかを生きてきた。端的にいって、日本でおきている社会的問題の大半は、ここに原因があるといっていい。そして少数の例外(2)を除いて、阿部以外に誰も、こうした「世間」を真正面から学問の対象にしようとしなかったのだ。
「世間」は英語には訳せない。world でもないし、community でもないし、もちろん society でもない。おそらくほかのヨーロッパ語でも訳せない。これは少なくとも英語を使っているところでは、現在「世間」は存在しないことを意味している。すなわち、現在の西欧には社会しかないために、日本にあるような「世間」という人的関係は存在しない。

「世間」には、現在の西欧には存在しない四つの独特のルールがある。まずこの四つのルールを概観しよう。

なぜ「既読スルー」がいけないのか

「世間」の第一のルールが、「贈与・互酬の関係」である。

これを端的にいえば、「世間」では「お返し」が大事だということだ。社会にはこのルールはない。正確にいえばヨーロッパでは八百年ほど前に「世間」が否定され、社会が形成されたときにこのルールは消滅した。

日本には、お中元やお歳暮といった贈与慣行がきわめて多い。お中元やお歳暮の季節になると、デパートに商品がずらっと並ぶ。もらったならば、必ず「お返し」が必要である。「お返し」には、葬式の香典に対する「香典返し」、結婚式のお祝いに対する「引き出物」、出産祝いや入学祝いに対する「内祝い」など、枚挙にいとまがない。

こうした贈与は、人間関係を円滑にするためにおこなわれる。そのため自発的なものというより、義務的なものだと考えられている。日本人は何かモノをもらったり親切にされたりすると、義理を感じ、それに対して「お返し」をしなければならないと思っている。「お返し」に対しては「お返し」がおこなわれ、この連鎖はどちらかが死なないかぎり永遠に続く。私はこれを「親切―義理―返礼」の連鎖、と呼んでいる。

しかも面白いことに、こうした「親切―義理―返礼」の一連の贈与行為には、だいたい同価格・同価値のものを「お返し」するという暗黙のルールがある。すなわち、各家庭には「お返しの貸借対照表」や「お返しの損益計算書」のようなものがあって、あそこのお宅のお中元はいくら、香典はいくらだったから、内祝いはこれくらいでいいでしょう、といった損益計算をつねにして「気をつかって」いる。

「お返し」はモノに限らない。メールもまた一種の贈与である。メールをもらったらすぐ返信しないといけないと、誰しも思っている。ただちにメールを返す「即レス」がそうである。メールがきたら、なんとなく心理的負担を感じる。それはお中元やお歳暮をもらったときと同じで、なるべく早く「お返し」をしなければならない。そうでないと相手から不審に思われるからだ。それだけではなく、返信しなければ、つまり「お返し」をしなければ、「なんてやつだ」と思われ、自分の人格的評価が下がることになる。

メールを発信した側にとっても、返信がこなければ不安になる。返信が遅かったりなかったりすることは、自分に対するマイナスのメッセージだと考える。「贈与・互酬の関係」というルールが頭に刷り込まれているので、相手から「お返し」がこないことが不安なのだ。そのためにメールのやりとりがやめられなくなって、寝る時間まで削って、つねにケータイやスマートフォンを見ていないと不安になる。最近では「LINE」が普及したために、「「LINE」疲れ」といわれるように、こうした傾向がさらにひどくなっている。

この「LINE」に「既読表示」という機能がある。相手がメールを読んだかどうかが、発信した側から確認できるという便利な機能だ。もともと、東日本大震災の教訓から、返信がなくともこの機能を使って、お年寄りの安否確認がいつもできるようにと考案されたものだ。

ところが二〇一四年に東京で、読んだのに返信しない「既読スルー」をめぐって、若者の間である事件がおきた。それは、少年（十八歳）ら三人が、知人男性（二十一歳）が「既読スルー」をしたため腹を立て、その男性が交際していた少女（十二歳）を監禁したとして、未成年者略取と監禁で逮捕されたというものだ。

メールはもともと、受信後いつ返事を出してもいいという、自由度が大きいコミュニケーションのツールだったはずなのだが、こうなると相互に徹底的に縛り合うツールになっていることがわかる。つまり「贈与・互酬の関係」というルールが完全に刷り込まれているために、返信がこないだけで、自分が無視されているようで腹立たしくなる。

じつは信じられないかもしれないが、西欧社会ではこうした「贈与・互酬の関係」のルールは存在しない。正確にいえばマルセル・モースがいうように、(3)ヨーロッパでもかつては贈与慣行があった。だが、キリスト教がそれを否定することによって、「世間」が否定され、社会が形成されて消滅した。もちろんまったくなくなったわけではなく、現在でもクリスマスや誕生日のプレゼントに、それが部分的に残っている。しかし日本のような大がかりな贈与慣行はなく、そうしたことに「気をつかう」必要もない。

「世間」の「贈与・互酬の関係」のルールに対応する社会のルールは、法的関係ないし契約関係である。これは何か紛争がおきたときに、「世間」ではとりあえず「贈与・互酬の関係」のルールなどが作動して解決されるが、社会ではそのワンクッションがないために、ただちに法のルールが作動するということだ。

渡辺洋三は、一見経済的打算を離れた情緒的人間関係が、じつはその裏に高度の経済的取引計算を含んでいることが日本の特色であり、それは物的には贈与とそのお返しという、贈与の相互的交換の形態をとっていると指摘する。つまり日本は契約社会ではなく「布施社会」だといっているが、それは日本が契約原理ではなく「贈与の相互的交換の形態」としての「贈与・互酬の関係」という原理で動いているということだ(4)。

西欧社会では、「贈与・互酬の関係」がまったくないわけではないが、このルールを日本人のように律儀に守らなくとも、それが自分の人格的評価に関わることはない。しかし日本では「贈与・互酬の関係」のルールを守らないと、人格が低く評価されることになる。

たとえば日本の自殺者は一九九八年に一年間で三万人を超えて以来、近年は少し減少傾向にはあるが、依然として高止まりしたままである。しかも日本の自殺率は、先進工業国のうちではダントツに高い。なぜそうなのか。

自殺の大きな理由は倒産や破産などの経済的なものだが、日本人にとって借金を返せないということは、「世間」でのその人間の人格的評価を下げることにつながるのだ。西欧社会だったら貸借関係は単なる契約関係にすぎない。借金が返せないことは、契約違反以上の意味をもたない。

しかし日本ではそうではない。つまり借金を「お返し」できない人間は、「世間」のルールを守らない人間として「世間」から排除される。日本人は「世間を離れては生きていけない」と信じている。だから自殺に追い込まれるのだ。日本の自殺の最大の理由は、この「世間」からの排除にある。

「ママカースト」に翻弄されるママ友たち

第二のルールは、「身分制」である。

これは「世間」の構成員の間で、格上・格下、目上・目下、年上・年下、先輩・後輩、男・女などの確固たる上下の序列があるということだ。序列の意識があるために、日本人は身分にきわめて敏感になっている。社会はこれとは異なって、平等の個人から構成されている。これが社会のルールとしての「法の下の平等」である。

こういわれてもまるで実感がないかもしれないが、二〇一四年に世界経済フォーラム（WEF）が発表した男女格差のランキングでは、日本はなんと世界百四十二カ国中百四位である。日本はとくに、女性の「政治への参加」という分野と「職場への進出」という分野できわめてランクが低い。これはすべての日本人がガクゼンとすべき事実である。しかし「世間」では、これが深刻な問題だとはぜんぜん思われていない。

そういえば、二〇一四年に東京都議会で、少子化対策を質問したみんなの党の三十代の女性議員に対して、「早く結婚したほうがいい」「自分が産んでから」というセクハラヤジが飛んだ。この種の発言は欧米の議会だったら性差別的な暴言と見なされ、一発議員辞職のレッドカードになるところだ。その後、自民党の男性議員が謝罪し、別の民主党の男性議員も名乗り出たが、結局誰一人辞職することもなく幕引きとなった。しかしよーく考えてみると、このような性差別的空気は、べつに都議会だけに限らず「世間」に蔓延している。[5]

日本という国は、いわば「世間」という球体に閉じ込められているために、こうしたあからさまな性差別事件がおきても、とくに深刻な問題としてはとらえられない。「身分制」が刷り込まれているために、男女間の格差や差別的空気が、「世間」のなかでは常態化しているからである。WEFのような球体の外部からの指摘があってはじめて、そのときは少しだけ注目されるが、すぐにみんな忘れてしまう。

社会のルールである「法の下の平等」は、「世間」のなかではタテマエにすぎない。たしかに憲法十四条には「すべて国民は、法の下に平等であって、人種、信条、性別、社会的身分又は門地により、政治的、経済的又は社会的関係において、差別されない」と書いてあるが、「世間」では通用しない。差別的空気が蔓延しているのはそのためである。だから都議会のように、ホンネとしての差別的意識が、何かのきっかけがあればすぐに噴出することになる。

「身分制」の意識は、男女の間の問題に限らない。近年話題になっているママカーストもそうである。もちろんカーストとは、インドのヒンズー教にまつわる古い身分制度のことである。しかし、封建的身分制度がとっくに消滅した日本で、いったいなぜいまカーストなのか。

日本型カーストを定義して、白河桃子は次のようにいう。

一つの集団において、そこに属するメンバーそれぞれが、その集団にしか通じない基準でお互いを暗黙のうちに格付けしあい、その序列の認識と共有が行われる。これを日本型カーストとしてこの本では定義しようと思います。

その集団における強者・弱者が「その場の空気」でメンバー全員に共有され、その結果、各人の行動まで限定されます。(6)

ママカーストの場合、子どもを同じ学校に通わせているママ友の間で、バッグや時計やベビーカーなどの持ち物、夫のステータスや収入、マンションの場所や何階に住んでいるかなどで、相手が格上か格下かの格付けをする。しかもそれは、「その場の空気」でメンバーに共有されるという。カーストという言葉がリアルに語られるのは、「世間」に「身分制」というきわめて古いルールが残っていて、みんなそれをつねに意識しているからだ。

このことは言葉の問題を考えるとわかりやすい。西欧語、たとえば英語では、一人称のIは一つしかないが、日本語の一人称は、「俺」「私」「ぼく」「我が輩」「あたし」「あちき」など数多くある。また二人称のYOUは、日本語では「あなた」「君」「てめえ」「お前」「あんた」などこれまたきわめて多い。そしてこれらの表現は、丁寧だったり、ぞんざいだったり、すべてニュアンスが異なる。
英語だったら、相手がバラク・オバマ大統領だろうが、友達だろうが、IとYOUですむ。言葉を選ぶのに「気をつかう」ことは原理的にない。ところが、日本語の場合は、相手が安倍晋三首相の場合と友達の場合では、言葉が変わる。相手が格上・格下、目上・目下、年上・年下、先輩・後輩、男・女などによって言葉を選ばなければならない。

さらにフクザツなことに日本語には、謙譲・尊敬・丁寧などの敬語がある。日本人は、誰かに出会った場合に、意識的にせよ無意識にせよ、相手がどういう身分なのかを瞬時に判断し、何重にも言葉を使い分けるということをやっているのだ。このことにいつも「気をつかっている」し、これほど疲れることはない。(7)

いったいなぜ、こういうややこしい手続きを踏まなければならないのか。それは、「世間」には「身分制」のルールがあるために、関係のなかで相手の身分によって、つねに言葉を使い分ける必要があるからだ。

英語にも多少丁寧な表現があるが、日本語ほど相手による使い分けはしない。英語圏の社会では「身分制」というルールがなく、「法の下の平等」という原理が貫かれているからだ。大統領でも友達でも同じ言葉でいいのはこのためである。このことはおそらく（全部調べたわけではないが）、ほかのヨーロッパ語の場合も同じである。

もちろん、西欧社会にも女性差別や黒人差別や民族差別や身体障害者差別といった差別はある。しかし西欧社会では、こうした差別があった場合に、権利や人権という言葉で闘うことができる。

個人 individual が厳然と存在し、「法の下の平等」というルールが社会の大方の合意を得ているからである。

しかし日本では、こうした差別に対して差別される側が、憲法の「法の下の平等」に基づく権利や人権を主張することはきわめて困難である。「世間」は、社会のルールにすぎない権利や人権や「法の下の平等」に、何の関心ももっていないからだ。思うに、そういってはなんだが、日本ではあらゆる反差別闘争では、権利や人権や「法の下の平等」を主張するより、「恨みます」「火をつけてやる」とでもいったほうが、はるかに効果的なはずである。

二〇〇八年に「ロス事件」（一九八四年）の犯人とされた三浦和義さんがサイパンで、元妻の殺害容疑でアメリカ当局に逮捕された。日本では無罪判決が確定した事件であり、同じ事件で二度裁かれることがないとする「一事不再理」の原則に反するのではないかと批判された。アメリカにもこの原則はあるのだが、アメリカ当局としては、アメリカで無罪判決を受けたわけではない、ということらしい。

この際に、日本のメディアでは彼の肩書をどうするかについて、「元社長」と「容疑者」とに分かれた。日本では「容疑者」（これはマスコミ用語で、法律用語では「被疑者」）とは、「疑い」のレベルなどではなく、まさに犯人であることと同義だから、たしかに「元社長」と「容疑者」とでは、「世間」が受ける印象がまるで違う。

気になって調べてみたら、三浦さんの逮捕を伝えた「ロサンゼルス・タイムズ」（二〇〇八年二月二十二日付電子版）は、ミスターなしの呼び捨てになっていた。しかし西欧では、ミスターの肩書がないからといって日本語のように侮蔑的な意味はない。日本の新聞などのメディアが肩書に異様にこだわるのは、それがその人間の「身分」を表すからである。ところが西欧社会では、「身分制」というルールがないから、それほど「身分」にこだわらない。ミスターなしの呼び捨てでも、侮蔑的な意味がないのはこのためだ。

とはいえ、西欧だって階級などの「身分制」があるではないか、という疑問があるかもしれない。日本の「身分制」が、たとえばイギリスなどの西欧の階級制度と異なっているのは、階級ほど明確で固定的なものではなく、階級以外にも重層的にさまざまな上下関係があり、しかも人間関係が形成されたその「場」の空気で、そのつど決定されるという、きわめて流動的な点である[8]。「身分制」は差別の根源であり、「世間」そのものが差別的構造をもっている。第2章で詳しく述べるが、日本の「身分制」の重層性の根底にあるのが天皇制である。すなわち、重層的な「身分制」の序列の頂点に位置しているのが、制度としての天皇であり、最底辺に位置するのが制度としての被差別部落なのである。また、西欧でもイギリスやオランダのように国王がいる国があるが、天皇を国王と呼ばないのは、それが明らかに異なっているからである。

「出る杭は打たれる」のはなぜか

第三の「世間」のルールは「共通の時間意識」である。

これは、「世間」ではみんな同じ時間を生きていると思っているということだ。これに対する社会のルールは「個人の時間意識」である。そこでは、一人ひとり別の時間を生きていると考える。

先に述べたように、個人は英語の individual を翻訳した造語だが、日本では言葉は存在していても、実体としての個人はいない。言い換えれば、個人はタテマエにすぎない。

個人がいないために「出る杭は打たれる」ことになる。二〇一〇年のバンクーバー冬季オリンピックの際に、スノーボードのハーフパイプの國母和宏選手は、公式スーツを「腰パン」スタイルで着たために、「世間」からバッシングされ、二度も記者会見を開いて謝罪したものの、選手村の開村式にもオリンピックの開会式にも出られなくなった。

日本のメディアは、この國母選手の「品格問題」で沸騰した。しかし同じころ、銅メダルをパーティーで「不適切」にあつかって非難されたアメリカのハーフパイプの選手は、アメリカ・オリンピック委員会に謝罪はしたものの、べつに記者会見を開くこともなく帰国したそうだ。アメリカではそれほど問題にならないのに、日本では大騒ぎになるのは、「世間」に「共通の時間意識」があり、「みんな同じ」を要求するからである。「世間」では目立ってはいけないのだ。

中根千枝は、この「みんな同じ」という日本人の意識を、「無差別悪平等というものに通ずる」ような「人間平等主義」と呼び、その内容を次のように説明する。

これは、すでに指摘した「能力差」を認めようとしない性向に密接に関係している。日本人は、たとえ、貧乏人でも、成功しない者でも、教育のない者でも（同等の能力をもっているということを前提としているから）、そうでない者と同等に扱われる権利があると信じこんでいる。そういう悪い状態にある者は、たまたま運が悪くて、恵まれなかったので、そうあるのであっ

て、決して、自分の能力がないゆえではないと自他ともに認めなければいけないことになっている。(9)

人間には本来、能力や才能の差がある。しかし「共通の時間意識」のもとでは、個人が存在せず「みんな同じ」と思っているために、隣にいる人間との能力や才能の差があっても、それは「自分は運が悪かっただけ」と思い込む。だから日本では、能力や才能があることをあからさまに他人にひけらかしてはいけない。これが「人間平等主義」なのである。

二〇一三年に「世田谷ナンバー騒動」と呼ばれる奇妙な事件がおきた。それまで品川ナンバーを割り振られていた世田谷区の区長が、世田谷ナンバーの新設を国に申請した。ところがこれに対して芸能人を巻き込んでの区民の反対運動が盛り上がり、申請を認めないよう国を提訴するところまでいった。だが、結局申請が認められたため、区民側は提訴を取り下げた、というものだ。

区民が反対した理由は二つある。一つには、ブランド力が高く愛着がある品川ナンバーでなくなるのはイヤだ、ということ。もう一つは、ナンバーで世田谷区民であることが特定されるからプライバシー権の侵害になる、ということだ。しかしこの理由がよくわからない。港、中央、千代田、品川、目黒、渋谷、太田など広範囲の区が属する品川ナンバーより、ピンポイントで特定される世田谷ナンバーのほうが、じつはブランド力が上ではないのか。

反対する本当の理由がほかにあるはずだ。小田嶋隆はこれを、「他区民によるねたみそねみひがみやっかみがうっとおしいから世田谷ナンバーは採用しないでほしい」(10)と喝破する。日本語にはねたみ関係の単語が数多くあることに改めて驚くが、「世間」には「共通の時間意識」に基づく「人間平等主義」があるために、「みんな同じ」だと思っている。しかし能力や才能や収入の格差は現実に厳然と存在する。

「世間」のなかに「身分制」のルールがあり、みんな身分や格差に敏感になっている。ところが同時に「人間平等主義」があるために、格上の人間に対する日本独特の「ねたみそねみひがみやっかみ」の意識が生まれる。世田谷区民が世田谷ナンバーに反対したのは、自分たちが他区民からねたまれてメンドーなことになると考えたからである。

たかだかクルマのナンバーで、と思う人もいるかもしれない。しかしじつは日本人にとって、こうした日常的にありふれた「ねたみそねみひがみやっかみ」意識こそ、すべての行動のモチベーションになっている。他人からねたまれることほど、日本人にとってメンドーなことはないから、誰しもそれを避けようとするのだ。そしてこうした傾向は、社会的格差が目に見えるかたちで拡大したここ十五年ぐらいの間に、より強まっている。

ところでマイケル・サンデル教授の「ハーバード白熱教室」を見ると、学生はなぜかみんな手を挙げて積極的に発言している。あれはサンデル先生の専売特許でもハーバード大学の学生の優秀さを表しているわけでもなく、こうした授業のやり方は、アメリカではごく一般的な風景なのだという。だが、あれはアメリカだからできるのであって、日本のふつうの大学のふつうの授業でやれといわれても、それは土台無理な話だろう。

だから私は、大学の授業で、学生にマイクを渡して無理やり答えさせるやり方をしている（ときどき「なんで俺が」と逆ギレする学生もいるが）。日本の大学で、誰も手を挙げない理由ははっきりしている。小学生のころを思い出してほしい。「これがわかる人」という先生の質問に、生徒たちは「はい、はい」と競って手を挙げたはずである。ところが中学、高校と学年が上になるにつれて、手を挙げる者は絶滅危惧種になり、大学にいった時点では完全に消滅する。

なぜなのか。学生たちは学年が上になるにつれて、KY（空気読め〔ない〕）といわれないように、まわりの空気を読むようになっていき、「世間」の「共通の時間意識」というルールを学んでいくからだ。そこでは西欧流の個人が存在せず、「みんな同じ」という「人間平等主義」が支配しているために、他人と異なることをすれば、「出る杭は打たれる」ことを知るようになるからだ。「白熱教室」がアメリカで可能なのは、個人を生み出したキリスト教の「告解」という伝統があるからだ。神に向かって自分の罪、つまり自分の内面を告白することによって、ヨーロッパでは八百年ほど前にindividualたる個人が生まれた。つまり神と対峙することで個人が形成された。

ところが日本では神と対峙するという歴史的経験がなく、明治時代に言葉は輸入したものの、individualたる個人が形成されなかった。そのため自分が手を挙げるかどうかは、まずまわりの「世間」を見渡し、「世間」との関係で決める。鴻上尚史は「「空気」とは「世間」が流動化したもの」[11]と定義しているが、自己決定をするためには、まさに「世間」の空気を読むことが必要なのだ。

そもそも日本で個人と訳されたindividualは、人権や人間の尊厳と不可分のものである。しかし日本で個人は、現在でもタテマエにすぎない。たとえば「幸福追求権」を規定している憲法十三条には、「すべて国民は、個人として尊重される」とある。ところが面白いことに、二〇一二年に公表された自民党の「日本国憲法改正草案」では、「全て国民は、人として尊重される」と、個人を全面否定したうえでそれを人に変えている。その理由は、個人という言葉は「個人主義を助長してきた嫌いがあるので[12]」ということらしい。

つまり日本では個人という言葉は、あまりいい意味では使われない。「個人主義」という言い方も、何か手前勝手な生き方というニュアンスがあり、人権や人間の尊厳と不可分というそもそもの意味が、完全にどこかに吹っ飛んでいるのだ。だから個人を否定する自民党の主張は、ある意味きわめて正直だともいえ、個人を認めない日本の「世間」のホンネを反映しているともいえる。

地鎮祭は「宗教行事」か

「世間」の第四のルールが「呪術性」である。

呪術的だということは、合理的根拠がないルールが多いということだ。つまり理屈が通じない。これに対して、社会のルールは「合理性」である。原則として社会がもつルールは合理的に説明がつく。

日本人はいまでも大安の日を選んで結婚し、三隣亡の日には建前を避け、友引の日には葬式を避ける。ちょっと探せばどこにでもあるお地蔵さんやお稲荷さんを思い出してもらいたい。小さな祠の類いもあちこちにある。日本は先進工業国のうちでは、異様にたくさんの古いものを残している唯一の国である。

合理的に説明がつかない俗信・迷信の類いがたくさんあり、日本人はみなこれを信じている。意外に思われるかもしれないが、じつは日本人は信心深い。しかもそれは、死者も含む森羅万象すべてが神になりうるという「多神教」の世界である。

これに対してヨーロッパでは、約八百年前にキリスト教の浸透によって、これら迷信・俗信の類いは「邪教の教え」として徹底的に弾圧され否定された。当時キリスト教会の「告解」のマニュアルになった「贖罪規定書」では、現在の日本の「世間」にあるような迷信・俗信の類いが贖罪の対象になっていた。

その結果成立した社会は、「呪術性」を否定し、合理性をもつことになる。ただし、キリスト教の教義もある意味呪術的だから、これを除けば社会は合理的だという保留がつく。大事なことは、信心深いという点では「世間」と同じだが、それと決定的に異なっているのは、社会は神が一人しかいない「一神教」の世界だということだ。

「津地鎮祭訴訟」をご存じだろうか。三重県津市が体育館を建設する際に、神道の「宗教行事」である地鎮祭を公費でおこなったため、これが憲法二十条の政教分離の原則に反するとして訴えられたものだ。一九七七年に最高裁は、地鎮祭は憲法が禁止している「宗教的行事」ではなく「世俗的行事」であるという理由で憲法違反ではないとした（最高裁大法廷一九七七年〔昭和五十二年〕七月十三日判決）。

この判決に、おそらくあまり違和感をもつ人はいないのではないか。「この程度のこと」だったらみんなやっているからである。たしかに、日本人の家庭には、神棚と仏壇が同居し、二月三日の節分には恵方巻きを食べ、二月十四日のバレンタインデーには誰かにチョコレートをあげ、七月七日の七夕には笹を飾り、八月のお盆には先祖の墓参りをする。十月三十一日にはハロウィーンを、十二月二十四日にはクリスマス・イブを祝い、そして一月一日には神社に初詣をする。

　こうなると一種カオスとしかいいようがないが、日本人が家に仏壇があり墓参りするからといって、仏教の信徒ではないだろうし、神棚があり初詣をするからといって、神道の信者だというわけでもないだろう。バレンタインやハロウィーンやクリスマス・イブを祝うからといって、キリスト教徒でもない。よーく考えてみよう。いったいこれが合理的に説明できるか。

　これらをいちいち何らかの「宗教行事」だと思っている日本人はいない。日本人は「多神教徒」だからである。ところがキリスト教なりイスラム教なりの「一神教徒」の立場からいえば、地鎮祭を含むこれらの「世俗的行事」は、由緒正しい「宗教行事」に見えるはずである。つまり「邪教の教え」ということになる。なぜなら「一神教」は、それ以外の「邪教」を弾圧し、否定することによって「一神教」になったからだ。「一神教」とはもともとそういう教えなのだ。

　津地鎮祭訴訟で最高裁がいっていることは、こうした「多神教」という「世間」での宗教のあり方をただ追認しただけである。「世間」での宗教のあり方と憲法二十条の政教分離の原則が矛盾するのは、憲法があくまでも法的関係を生み出した西欧社会に根ざしているからである。社会とは「一神教」の世界なのである。

　最高裁判決は、現実に「国家と宗教との完全な分離を実現することは、実際上不可能に近」く、それを貫こうとすれば、「かえって社会生活の各方面に不合理な事態を生ずる」ことになる、といっている。このように日本で合理的な政教分離が貫けないのは、日本人の〈生活世界〉である「世間」が「呪術性」に満ち満ちていて、そもそも政治と宗教を「分離」することがきわめて困難だからである。
とはいえ大事なことは、宗教上カオスであるために、日本人は一見「無宗教」に見えるが、そうではなく、じつはきわめて信心深いということだ。その信心深さの根底にあるのは、一種のアニミズム的な「自然宗教」である。
阿満利麿は、キリスト教や仏教やイスラム教のように教祖と教典と教団をもつ宗教を「創唱宗教」と呼び、それに対して日本固有の宗教を、それらをもたない「自然宗教」と規定し、次のように解説している。

では「自然宗教」とはなにか。ご先祖を大切にする気持ちや村の鎮守にたいする敬虔な心が、そうなのである。そこでは、人は死ねば、一定期間子孫の祭祀を受けることでご先祖になることが信じられているし、その先祖は、やがて村の神様ともなり、ときには孫子ともなって生まれ変わることもできる。あるいは、人は死んでも遠くへはゆかず、近くの山に住み、子孫やゆかりの人々を草葉の陰から見ているのであり、盆や正月に子孫を訪ねることもできる、と信じられているのだ。お盆に帰省するのも、もともとこうした先祖たちと交歓するためなのである。(13)

注意しておかなければならない。もともと仏教の教えのなかには、こうした祖先崇拝はない。日本は仏教国だと一応いってもいいが、しかし現在ある日本の仏教は、死者もまた神になり現世に戻ってくるという「自然宗教」と融合したものである。また社会は人間だけで構成されるが、「世間」は人間以外に、死者をも含む森羅万象によって構成されている点がまるで違う。

しかも、「世間」の「呪術性」のルールのもとでは、当然神はブッダ一人だけではない。死者も含めて森羅万象すべてのものが神となる。さらに日本の場合、これに天皇制が絡んでいるから、もっとややこしい「多神教」になっている。いずれにせよ日本の仏教は、本来の「一神教」としての仏教とは似ても似つかないものになっているのだ。

「世間」では合理的ではない「呪術性」という意識が支配するために、あとで詳しく述べるが、犯罪／犯罪者がケガレと見なされる。西欧社会とは異なり、犯罪者を出した家族が「世間」に謝罪しなければならないのは、家族もまたケガレていると考えられるからだ。明らかに縁座・連座責任という、近代以前の古い考えが残っているのである。

心理的フクザツ骨折

以上、四つの「世間」のルールについて簡単におさらいした。

ここで社会と「世間」との違いを再確認しておくために、これを一覧表（表1）にしておこう。これは私が『「世間」の現象学』[14]に載せたものなのだが、そのときのものを一部修正してある。

「世間」とは表1の下段に掲げたようなルールをもつ〈共同幻想〉のことだが、ごく手短に定義するとすれば、このようなルールを併せ持つ「日本人が集団になったときに発生する力学」だといえる。また社会とはごく簡単にいえば、これは大嶋仁のフランス社会についての分析[15]からヒントを得ているが、「バラバラの個人から成り立っていて、個人の結び付きが法律で定められているような人的関係」ということになる。あとで詳しく説明するが、社会で個人と個人との紛争を調整する原理は、法のルールしかないということだ。

社会	世間
契約関係	贈与・互酬の関係
法の下の平等	身分制
個人の時間意識	共通の時間意識
個人の集合体	個人の不在
変革が可能	変革は不可能
個人主義的	集団主義的
合理的な関係	非合理的・呪術的な関係
聖／俗の分離	聖／俗の融合
実質性の重視	儀式性の重視
平等性	排他性（ウチ／ソトの区別）
一神教	多神教

表1　社会と世間の違い
（出典：佐藤直樹『「世間」の現象学』〔青弓社ライブラリー〕、青弓社、2001年、97ページ）

最後に、ここで、阿部の世間論との出合いについて語っておきたい。

それは一九九一年の夏のことだった。スコットランドにあるエジンバラ大学の訪問研究員として三カ月ほどイギリスで暮らしたことがある。情けないことに、それまで外国などという目のくらむようなところには行ったことがなく、生まれて初めての海外体験であった。

そのせいもあったのだと思うが、イギリスでの生活にひどく衝撃を受けた。ただし人間関係や生活習慣の違いに、ではない。衝撃を受けたのは、中世そのまんまの石造りのエジンバラの街の風景が、不気味な静けさに包まれていたことだ。いわば街の空気の違いにガクゼンとしたのだ。ふつうだったら、そんなことに衝撃を受けたりしない。たしかにヘンといえばヘンなのだ。

いまにして思えばそれは、騒音だらけで、あらゆる意味で「うるさい」日本の「世間」をいったん離脱し、それまで見たこともない「静かな静かな」西欧社会を生まれて初めて体験してガクゼンとした、ということだろう。この薄気味の悪い「静けさ」とは、いったい何なのか。答えを得られないままに帰国したが、この衝撃はボディーブローのようにじわじわと効いてきた。

カルチャー・ショックという言葉があるが、海外での体験は、行ったときよりも帰ったあとのほうがショックが深刻である。衝撃の意味について自分なりに整理しようと思ったのだが、さっぱりうまくいかない。海外滞在経験がある同僚たちにこの話をしてみたが、まるっきり理解不能だったようで、ひどく落ち込んだ。この「心理的フクザツ骨折」の体験は、完治するのにじつに九年の時間を要した。

このころ阿部の世間論を読み直した。ガクゼンとして、次にストンと腑に落ちた。未完成のジグソーパズルのようになっていた私のイギリスでの体験に、阿部がいう「世間」という最後のピースを当てはめれば、自分のなかでおきたことが全部うまく説明できると思えた。薄気味の悪い「静けさ」が社会であり、わちゃわちゃして「うるさい」のが「世間」。私が体験したのは、社会と「世間」との決定的な違いの問題であることがよくわかった。

その後、一九九九年に「世間」を本格的に探求するために「日本世間学会」を立ち上げた際に、阿部さんとの出会いがあった。その後、阿部さんは二〇〇六年に急逝された。私にとって世間論は、イギリスでの衝撃的な体験と同義であり、阿部さんとの思い出と同義である。

2　日本型権力としての「世間」

「世間」は一種の権力として作動している。しかもきわめて日本的なかたちで。これを日本型権力と呼んでおこう。それがどのような本質をもっているのか。ここでは関係、空気、ウチ／ソト、いつのまにか／しかたがない、の四点にわたって考えてみたい。

関係という権力

「世間」の定義である「日本人が集団になったときに発生する力学」のなかで、私が「力学」といっているのは、それがある種のチカラ、言い換えれば独特の権力をもって作動するものだからだ。それは、国家や法といった上から下りてくる権力よりも、いわば下から生み出される権力として、ごく日常的な場面で、日本人を強く縛る大きなチカラをもっている。

そういうことを指摘したのは、ミシェル・フーコーである。

社会体のそれぞれの場所、男と女のあいだ、家族のなか、教師と生徒のあいだ、知る者と知らざる者のあいだ、それぞれの場に権力の関係がつらぬいておりますが、そうした権力の関係は、ただたんに大いなる支配権力が諸個人のうえに純粋に投射されたものではありません。むしろそうした権力の関係は、支配権力がそこに根を下ろしにくる、可動的で具体的な土壌なのであり、支配権力が機能しうるための可能性の条件なのです(16)。

フーコーは、現代の権力のあり方を分析するためには、誰かに所有されていて、上から下に下りてきて、強権的に暴力をもって支配し、何かを「否」といって禁止し、人々の自由や人間性を奪うという、従来の古典的な権力概念では不十分だという。つまり権力とは、誰か特定の者に所有されているのではなく、「上から」というより「下から」くるものであり、単に何かを禁止するものではなく、権力＝暴力ということでもない。むしろ人々の「自由」を通して、権力は生み出されるというのだ。

たしかにふつう権力という場合に、国家や法のようなものをイメージする。国家や法律は、上からやってきて、何かを禁止し、人々の自由や人間性や生命をときとして奪う。それらが強制力をもっているのは、警察や裁判所や刑務所や軍隊のような暴力装置が背後にあり、逆らった場合にはこれらが強制的に発動されるからである。

要するに違法なジグザグデモへの参加者は、公安条例違反で警察によって逮捕され、検察官によって起訴され、裁判所によって処罰され、罰金や、場合によっては刑務所での懲役をくらう。これが由緒正しい権力である。

しかしフーコーがいう社会体には、こうした暴力装置のイメージはない。フーコーは権力が禁止や抑圧するばかりだったら、人はこれに従うはずがないという。そして、その理由を「権力はたんに「否」を宣告する力として威力をふるっているわけではなく、ほんとうはものに入りこみ、ものを生み出し、快楽を誘発し、知を形成し、言説を生み出しているから[17]」だという。つまり、権力とは生産的なのだ。

こうした権力は、法や暴力装置に担保されていないにもかかわらず、家族とか学校とか会社とかいったきわめて日常的な個々の場面で、大きなチカラをもっている。そこでは快楽や知や言説が生産される。まさに彼がいう権力とは「社会体の全域にわたって張りめぐらされた生産網[18]」なのだ。

フーコーがいうことに、もう少し耳を傾けてみよう。

権力という語によってまず理解すべきだと思われるのは、無数の力関係であり、それらが行使される領域に内在的で、かつそれらの組織の構成要素であるようなものだ。絶えざる闘争と衝突によって、それらを変形し、強化し、逆転させる勝負＝ゲームである。これらの力関係が互いの中に見出だす支えであって、連鎖ないしはシステムを形成するもの、あるいは逆に、そのような力関係を相互に切り離す働きをするずれや矛盾である。[19]

ここで語られていることはきわめて重要だ。端的にいってフーコーは、関係そのものが権力だとしているのだ。しかも「権力は至る所にある。すべてを統轄するからではない。至る所から生じるから[20]」だという。これは権力が「下から」だけでなく、いわば「横から」も「内側から」も、あらゆる方向からやってくるということだ。

もちろんフーコーはこれを、西欧社会を念頭に置いていっている。したがって、日本に置き換えた場合には、権力が生み出される関係とは当然「世間」のことになる。しかも「世間」がもつ強制力は、法や国家による強制力よりはるかに強大で、その影響力ははるかに広範である。

冒頭で述べたように、団塊の世代の全共闘諸君は国家権力に負けたのではなく、「世間」に負けたのだと私は思っている。まさに「世間」が権力として作動し、日本人はみなそれに従っているからだ。全共闘をやった団塊世代が中途半端なのは、敗北の理由をきちんと総括せずに、そのことにほとんど無自覚であり続けてきたことだ。

全共闘にせよ、暴走族にせよ、ヤンキーにせよ、ロック少年にせよ、あらゆる若者の反抗や反逆や反乱は、就職や結婚や子どもができたことをきっかけにして、「俺も若くない」とか「いつまでもバカやっちゃいられねえ」とつぶやいて、堂々「世間」に回収されていく。で、全共闘諸君は、立派な会社員や労組幹部や企業の管理職になっていった。そうなったのが悪いといっているのではない。運動のなかで一度くらいは「世間」に対立したはずの君たちが、「世間」に無自覚であっていいのかと聞いているのだ。

日本の二十代の結婚理由でいちばん多いのが、「できちゃった婚」であることは覚えておいていい。先進工業国中ダントツに最低の、婚外子率三パーセントという日本では、子どもができたら結婚をしなければならないという、強力な「世間」の同調圧力がはたらく。「世間」では、婚外子は陰に陽に差別を受けるからだ。

それはある種の強制だが、法的な強制ではない。法的に強制されているわけでもないのに、子どもができた若者は「自由意思」で、同棲ではなく結婚を選ぶ。しかし結果的には、「籍を入れる」という国家の法システムに見事に組み込まれていく。この意味で「世間」は、まさに支配権力が根を下ろしにくる「可動的で具体的な土壌」になっているのだ。

空気という権力

ＫＹという私が大嫌いなセリフが若者の間ではやりだしたのは、二〇〇七年ぐらいかららしい。「空気読め」もしくは「空気読めない」という意味で、空気を読まないと「出る杭は打たれる」ことになる。空気はある種の同調圧力として作動しているのだ。

この空気の重要さを指摘しているのが、よく知られているように山本七平である。山本は、太平洋戦争中の戦艦大和の無謀な特攻出撃を、最終的に決定したものは空気だったという。

大和の出撃を無謀とする人びとにはすべて、それを無謀と断ずるに至る細かいデータ、すなわち明確な根拠がある。だが一方、当然とする方の主張はそういったデータ乃至根拠は全くなく、その正当性の根拠は専ら「空気」なのである。従ってここでも、あらゆる議論は最後には「空気」できめられる。最終的決定を下し、「そうせざるを得なくしている」力をもっているのは一に「空気」であって、それ以外にない。(21)

日本人はいったん空気に支配されると、それがどれほど根拠がない、非合理的で非理性的な判断であっても、それは有無をいわせない大きなチカラをもち、従わざるをえなくなる。つまり空気の支配には理屈が通じない。法律は理屈の体系だから法も通じない。KYという言葉が猛威をふるっているのは、空気を読まないと、その「「場」の雰囲気[22]」を壊すことになり、日本人はこれをいちばん恐れているからだ。

この事例では、「軍には抗命罪があり、命令には抵抗できないから」人々はこれに従わざるをえなかったのではないかという議論に対して、山本は「むしろ日本には「抗空気罪」という罪があり、これに反すると最も軽くて「村八分」刑に処せられるからであって、これは軍人・非軍人、戦前・戦後に無関係のように思われる[23]」という。

戦後七十年ほどたつが、現在でもこの「抗空気罪」のことは誰しも思い当たるふしがあるはずである。驚くべきことに、日本人が空気に縛られていることは、戦前も戦後もほとんど変わりない。空気とはまさに「大きな絶対権をもった妖怪[24]」なのだ。

では「世間」と空気との関係はどうなっているのか。鴻上は「「空気」とは、「世間」が流動化した状態」であると定義し、次のように説明する。

> つまり「世間」を構成する五つのルールのうち、いくつかだけが機能している状態が「空気」だと考えているのです。
>
> 逆に言えば、「空気」とは、「世間」を構成するルールのいくつかが欠けたものだと思っているのです。

五つのルールが明確に機能し始めた途端に、流動的で一時的だった「空気」は、固定的で安定した「世間」に変化します。[25]

鴻上は前に述べた「世間」の四つのルールのほかに、「差別的で排他的」というルールを加えている。このルールは「世間」のウチ／ソトの区別という原理と深い関係があるので、次で詳しく述べる。ここで大事なのは、「世間」のルールがすべて機能している場合には、それは堂々「世間」と呼ばれるが、どれか一つが欠けても不完全な「世間」として、それが「空気」と呼ばれるということだ。

たしかに「世間」という言葉には、固定的で確固としていて、時代とともに簡単には変わらない「歴史的」なニュアンスがともなう。それに対して空気という言葉には、一時的に成立するもので、時間の経過とともに変わる「その場限り」というニュアンスがある。しかしいずれにしても「空気読め」というときに、読まなければならない対象とはまわりの集団、つまり「世間」であって、結局のところ「世間の空気を読め」ということになる。

日本人が空気に流されやすいのは、「共通の時間意識」のルールがあるためにindividualたる個人が存在せず、何か意思決定をする場合に、まずまわりを見て判断するからである。さらには「呪術性」というルールがあり、あらゆるところに神が存在するために、たとえそれが非合理的な決定であっても、それに従うよう同調圧力がかかるからである。これを山本は、物質の背後に神が存在し、日本人はこれに感情移入するという意味で「臨在感的把握[26]」と呼んでいる。この臨在感的把握こそが、空気の支配を可能にしているという。

ウチ／ソトという権力

二〇一三年になって富士山がユネスコの世界遺産に登録された。ただし、それまでも自然遺産としての登録をめざしていたのだが、ゴミの不法投棄などによる環境悪化などのために、なかなか認められなかった。そこで文化遺産に方針を変え、やっと認められたのだった。

なぜ富士山はゴミでいっぱいなのか。「世間」ではウチとソトを厳格に区別するからだ。日本人は自分の「世間」の内側では、「世間体」があり「恥」になるためにゴミなどを捨てたりしない。ところが、「世間」の外部に出たとたんに「世間の目」がなくなり、「旅の恥はかき捨て」の傍若無人状態になり、平気でゴミを捨てるようになる。すなわち、「世間」にある種々のルールは「世間」のウチでは有効だが、いったん「世間」のソトに出るとその瞬間に無効となる。

もう少し例をあげておこう。二〇一四年、サッカーの浦和レッズのサポーターが、試合の際にゴール裏入り口で「JAPANESE ONLY」（ジャパニーズ・オンリー：外国人お断り）の横断幕を掲げた。これは明らかに人種差別的な表現で、さすがにJリーグも、レッズに無観客試合を科すなどの処分をおこなった。

しかしこれに限らず、日本ではホテルに泊まったりアパートを借りたりする場合でも、「外国人お断り」といわれることが珍しくない。実際に一九九九年には、小樽市の温泉施設が外国人の入浴を拒否して訴訟になり、入浴拒否が人種差別にあたるとして、施設側へ計三百万円の賠償命令がな

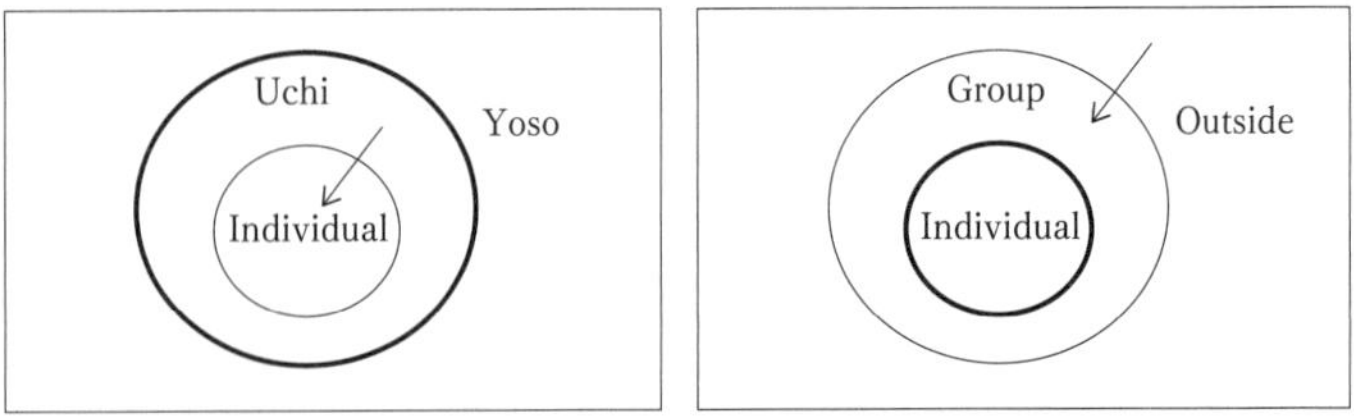

［日本］　　［西欧］

図1　集団と個人の境界
（出典：Nobuo Komiya, “A Cultural Study of the Low Crime Rate in Japan”, *British Journal of Crimiology,* 39(3), p.376.）

されたケースもある（札幌地裁二〇〇二年〔平成十四年〕十一月十一日判決）。恐るべきことに、これが人権侵害であり人種差別だという意識がまるでないのだ。

外人というのは、文字どおり「ソトの人」のことであり、それは日本人という大きな「世間」のウチに属していない人という意味になる。もちろんそうなるのは、「世間」ではウチとソトという厳格な区別をおこなうからである。それは異質なものの排除につながる。

しかもこの日本語のウチは、同時に「家」の内部という意味ももっている。こうした感覚は日本特有のもののようで、井上忠司は、「ウチとソトの区別は、ヨーロッパの言語には見出すことのできないものである。たとえば、英語の home は、がんらい「住みか」、「土地」の意味であって、「ウチ」の意味とは関係がない。ヨーロッパの言語では、室の内外、家屋の内外をいうことはあっても、家族の間柄の内外をいうことはないのである」[27]といっている。

この点で興味深い分析をしているのは、小宮信夫である。小宮は日本の集団（世間）と西欧の集団（社会）を比較し、日本の集団ではウチとヨソ（ソト）という厳格な区別があるが、西欧では集団とその外部世界の境界がそれほど明確ではないので、ウチとヨソの区別をしない。また日本では、ウチ世界とその内部にいる個人との境界がそれほど明確ではないが、西欧では集団と個人との境界ははっきりと区切られているという(28)。

図1は小宮の論文に掲載されていたものだが、日本では、集団（世間）でウチとヨソ（ソト）を厳格に区別することを太線で示している。また集団の構成員である個人は（本書の立場からいえば、これはindividualとはいわないが）、集団との境界があいまいに溶け込んでいるために、細線で示される。また矢印は、個人が弱いために、集団からの影響を受けやすいことを示す。

ところが西欧では、集団（社会）でウチとヨソ（ソト）の区別が明確ではないために細線で示される。これに対して、個人と集団との区別はきわめてはっきりしているので、太線で示される。ここでの矢印は、外部の世界と集団との境界があいまいなために、区別があまりないことを示す。

図1の「日本」の太線で示されているように、日本でウチとソトの区別があるのは、ちょうど島宇宙のように無数の「世間」が存在するからである。しかし、「西欧」の細線で示されているように、西欧の社会ではウチ（集団）とソト（外部）の区別をほとんどしないために、社会は一つしか存在しえない。原理的にいって一つしか存在しないものには、ウチとソトの区別はありえない。

ウチとソトの区別があれば、それは異質なもののソトへの排除を招来する。阿部が「世間」は「異質な人間を排除したところで成り立っていますから、差別的で排他的です(29)」といっているのは、まさにウチとソトを厳格に区別するからにほかならない。

こうした差別の根源としてのウチ／ソトの関係は、重層的・多層的に存在していて、かつきわめて流動的であり、さまざまな場面でそのつど変化する。つまり、ウチ／ソトは固定的に存在するのではなく、ある場合にウチだったものが、別の局面ではソトに転化し、またソトのものがいつのまにかウチに変わる。

鹿島徹は、このウチ／ソトの重層的・流動的関係を、「身内―世間」という言葉で説明している。

この重層構造に右の視角から光を当てるならば、そこでは「身内―世間」の枠組みがそのつど流動的に拡大ないし縮小されながら、人びとの行為を規定するものとして機能していることに気づく。つまり、一つの「身内」にたいして意識される「世間」は、場合によりさらに外部の「世間」との関係で、それ自体が「身内」と見なされる。逆に「世間」とされるものの枠内に、利害関係を共にする「身内」として意識されるつながりが浮かび上がってくる。これらは家族―隣近所―地域社会や、研究室―学会―一般世論といったしかたでそれぞれの系列をなしながら、輻輳して特定の人間の行為を制御し、ときに葛藤・相剋を生み出しもする複雑で具体的な関係複合体を織りなしている。(30)

「世間」はウチ／ソトの区別を厳格にするために、場合によって「世間」がウチ（鹿島がいう身内）としてとらえられたり、ソト（鹿島がいう世間）ととらえられたりする。つまり「世間」は、ある場合には利害関係をともにする身内と考えられ、別の場合には、自分や身内を非難し指弾する、ソトの敵対的存在と考えられる。

うーん。少し抽象的でわかりにくいかもしれない。具体的にいえばこういうことだ。

矢野さんはトヨタ（たとえば、です）の営業部に所属する社員である。日常的な場面では、営業部は一つの「世間」を構成し、そこにいる人間は利害関係をともにする身内と考えられている。しかし、別の部署である企画部は別の「世間」を構成し、そこに所属する堀込さんは、自分の身内ではなくソトの人間と考えられる。さらに矢野さんにとって、会社もまた自分のソトにある別の「世間」と考えられる。

ところがある日、トヨタのクルマに欠陥が見つかりリコール騒ぎがおきる。会社はソトの「世間」から非難を浴び、社長が慌ただしく記者会見を開いて「世間」に謝罪する。つまり非日常的場面に転換する。こうなると、お家（＝ウチ）の一大事で、営業部も企画部もない。

今度は矢野さんや堀込さんは、営業部や企画部の一員ではなく、トヨタという会社の社員として、会社という「世間」のウチに属する人間（身内）になり、ウチを守るためにソトの「世間」と対峙する関係になる。つまり場面の転換によって、それまで自分にとってソトの「世間」だったものが、ウチの「世間」に変化するということだ。[31]

このように「世間」は、そのつどウチ／ソトの境界が自在に変化する、きわめて融通無碍な「関係複合体」である。だから日本全体が「世間」になることもある。前にふれたように、バンクーバー冬季オリンピックの際に、公式スーツを「腰パン」スタイルで決めたスノボ・ハーフパイプの國母選手が、「不真面目だ」という理由で「世間」からの大バッシングを浴び、記者会見で謝罪したが、このときには、日本全体が「世間」（身内）となり、國母選手を「世間」のウチからソトへと排除しようとしたのだ。

いつのまにか／しかたがないという権力

「世間」の空気、それを一言でいえば「いつのまにか」という気分である。井上陽水がさりげなくこう歌っている。

いつのまにか〝愛〟を使う事を知り
知らず知らず〝恋〟と遊ぶ人になる
だけど春の短さを誰も知らない
君の笑顔は悲しいくらい大人になった
（井上陽水「いつのまにか少女は」）

日本人にとって歴史や時間は、「いつのまにか」「知らず知らず」進行していく。なぜか。端的にいってそれは、時間や歴史に対峙する individual たる個人が存在しないからである。もちろん気分としては悪くないのだ。私は好きか嫌いかと聞かれたら、とりあえず好きに一票入れる。だが私が気になるのは、「世間」を流れる時間意識がこうであるとすると、歴史やそれに参加しようとする個人の決意や意思決定のすべてが、「いつのまにか」「知らず知らず」この気分に回収されてしまうことである。これは、歴史や個人の意思決定の消去を意味するのではないか。

柄谷行人が面白いことをいっている。近松門左衛門の世話物の世界は、「そこにも明瞭な「対立」はない。主人公が心中するのは、たまたま「いつのまにかこう成ってしまった」からなのだ[32]」と。そしてその根底にあるのは、「作為と自然の二項対立こそ作為的である。おそらくそのような世界では、事態はいつも「成る」というかたちをとるだろう[33]」という思考だとする。

柄谷は「いつのまにか」という気分が、近松の作品に表れているように、日本に伝統的なものだという。そこには作為／自然の対立がなく、あらゆるものは「成る」（生成）というかたちをとるという。しかもそれは、現在の日本の組織体でも大きなチカラをもっている。

> 一般的にいえば、日本の組織体のなかでは、決定や命令は、上位から一方的に作為されたものとしてではなく、「自然に成った」もののごとくなされる。最上位者がすべてを計画し強制するというような組織体は、たとえあっても長続きしない。最上位者がいわばゼロ記号であり、決定や強制はいつのまにかそう成ったというかたちをとる組織体が、結局長続きするのだ[34]。

わかるのだ。一九八四年のことだったが、ある雑誌で初めてこの柄谷の文章を読んだときに、私には個人的なことで思い当たるふしが山のようにあって、ドキッとした。柄谷がいうように、日本の組織体では意思決定が「自然に成った」ように、つまり「いつのまにか」なされる。これは、トップダウンの意思決定がふつうである西欧の組織体とはまるで違う。

逆にいえば、現在よくいわれるような「強力なリーダーシップ」は、場合によっては日本の組織体にとって命取りになる可能性がある。「なるべくして成る」というのが組織体にとっては理想なのだ。個人の意思決定も同じで、それは「自然に成った」ように、「いつのまにか」自然に吸引されていく。だが、それは西欧で考えられているような主体と対峙し、客体として対象化されたnatureとしての自然ではない。主体と溶け合った自然なのだ。

日本では歴史や時間への関わりが、個人の意思決定によってなされるのではなく、自然になされる。言い換えれば、歴史や時間は個人の意思とは関係なく、いわば自然に流れているように感じられる。

陽水は同じ曲のほかのフレーズで、「君は季節が変わるみたいに大人になった」と歌っているが、人の心は季節が変わるみたいに、「いつのまにか」変わってしまう。日本人の歴史や時間は自然と合体しているのだ。これが「世間」のなかで、歴史や個人の意思決定が消去される理由である。

歴史が個人の意思と無関係に「いつのまにか」流れていくとすれば、それに対して生まれるのは「しかたがない」という「あきらめ」の意識である。カレル・ヴァン・ウォルフレンは、この言葉が日本に特有のものだという。

「シカタガナイ」というのは、ある政治的主張の表明だ。おそらくほとんどの日本の人はこんなふうに考えたことはないだろう。しかし、この言葉の使われ方には、確かに重大な政治的意味がある。シカタガナイと言うたびに、あなたは、あなたが口にしている変革の試みは何であれすべて失敗に終わる、と言っている。つまりあなたは、変革をもたらそうとする試みはいっさい実を結ばないと考えたほうがいいと、他人に勧めている。「この状況は正しくない、しかし受け入れざるをえない」と思うたびに「シカタガナイ」と言う人は、政治的な無力感を社会に広めていることになる。本当は信じたくないのに、信じたふりをしてあるルールに従わねばならない、という時、人はまさにこういう立場に立たされる。[35]

日本人はいつも「しかたがない」を口癖のようにいう。しかし「しかたがない」にそうした政治的意味があるとは、誰も考えないだろう。「しかたがない」というとき、そこには「どうしようもない」という強い「あきらめ」のニュアンスがある。

英語との比較で鴻上は、西欧社会にはこうしたニュアンスの言葉がないという。

「シカタガナイ」に相当する英語はあります。例えば、'It cannot be helped.' なんていう表現ですが、欧米の生活の中で、僕は欧米人がこの表現を使っているのに出会ったことがありません。ぎりぎり、'We have no choice.'（選択の余地がない）という言い方ですが、この言葉の裏には、「考えられる限りのことはやった。でも、これしかない」という能動的なニュアンスがあります。

「しようがない」という受け身の、なにもしないまま、ただ気持ちだけ「あきらめる」というニュアンスの発言はほとんど聞きません。それは、西洋的な「社会」では、ものすごく敗北的なことになるからだと思います。こんな言葉を簡単に言ってしまう「個人」は、西洋的な「社会」では、完璧に負け犬（loser）なのです。[36]

鴻上がいうように西欧社会では、「しようがない」という「あきらめ」の言葉を発することは完全な敗北を意味する。いうまでもないが、これはindividualたる個人の存在が前提とされているために、自己をはっきりと主張できる「強い個人」でなければ、まわりから人間とは見なされないからである。だから、「しかたがない」などということは論外なのだ。

阿部は、社会とは異なり、「世間」が所与のものとして考えられるために、日本では変革の発想が生まれないと指摘する。

「世間」と社会の違いは、「世間」が日本人にとっては変えられないものとされ、所与とされている点である。社会は変革が可能であり、変革しうるものとされているが、「世間」を変えるという発想はない。近代的システムのもとでは社会変革の思想が語られるが、他方で「なにも変わりはしない」という諦念が人々を支配しているのは、歴史的・伝統的システムのもとで変えられないものとしての「世間」が支配しているためである。[37]

このように人々が「世間」は変えられないと思っているということは、歴史なり時間なりが個人の意思によってはどうしようもないものととらえられている、ということである。阿部は「いわば

「世間」には歴史がないのである[38]」と指摘し、日本人にとって歴史とは「あらかじめ計算できるものではなく、突然襲いかかってくる台風や嵐などのように受け身で体験する事件でしかなく、歴史的事件に見舞われても、しばしの間耐え忍んでいれば通り過ぎてしまうものと感じられている[39]」といっている。

二〇一一年の東日本大震災のときに、略奪も暴動もおこさずに被災者が避難所できわめて整然と行動していたことについて、被災地に入った外国のメディアから絶賛された。

イギリスの「ザ・タイムズ」の東京支局長であるリチャード・ロイド・パリーは、その様子を次のように語っている。

「日本には十六年間住んでいますが、また新しい日本の魅力を発見した気分です。なぜ彼らは災害時でも寛容で、冷静なのか。イギリス人なら、窃盗はするだろうし、ケンカもする。なのに、日本人はこの悲惨な状況に必死で耐えている」（略）「なぜもっと要求すべきことを要求しないのか、なぜ忍耐強くいられるのかと尋ねたとき、彼らは『仕方がない』と口々に言いました。この言葉は普段聞くと、諦めのようなニュアンスがありますが、しかし彼らは希望を持ってこの言葉を使っていたように思います」（略）「避難所では皆ギリギリの生活をしている。被災者は皆頑張っているというのに（物資もロクに届けられないとは）政府はなにをしているのか、と思うときがあった。被災地の人はもっと声を上げて叫ぶべきではないか。これがイギリス人だったら、政府の注意を引くためにもっと暴れていると思います。ここにも日本人の『仕方がない』精神が表れている気がしますね[40]」

地震はたしかに「天災」なのだから、「しかたがない」のかもしれない。しかし政府の地震直後の初動対応の遅れや、原発事故をひきおこしたこれまでの原発政策の誤りは、明らかに「人災」である。にもかかわらず、人々が略奪も暴動もおこさず要求すべきところも要求しないでいられるのは、「人災」もまた「天災」のように遠くからやってくる厄災だと考えているからである。「歴史的事件」に見舞われているのに、「天災」のように感じ取られている。その際につぶやかれるのが、「しかたがない」という呪文のような言葉なのだ。

パリーは、イギリス人だったら窃盗もケンカもするし、政府に不満があればもっと暴れているはずだという。海外のメディアから被災者が絶賛されたのはこの点である。彼は被災者の「しかたがない」を希望の表れであるとして好意的に評価しているが、日本では人々が個人として社会や政治の不正と闘おうとするときに、いつも壁のように立ちはだかってくるのがこの言葉だということは、よく覚えておく必要がある。

3 日本の犯罪率が低いのはなぜか

日本ではふつうの生活をしているかぎり、そう危険を感じないで暮らすことができる。日本の犯罪率は諸外国に比べるとはるかに低いのだ。しかし、自殺率はきわめて高い。いったいなぜなのか。ここでは、「世間」のなかの犯罪を防ぐいろいろな「仕掛け」について考えてみたい。

海外メディアが絶賛した日本の治安のよさ

冒頭でふれたように、二〇一一年の東日本大震災の際に、海外のメディアから絶賛されたのは、非常時で法秩序が失われたときに、外国でしばしばおきる略奪も暴動もおきないという、日本の圧倒的な犯罪の少なさや治安のよさだった。

たとえば東京でも大阪でも福岡でも札幌でも、日本のどこの都市にしても、夜中に街を女性が一人で、大した危険を感じないで出歩くことができる。しかしパリやニューヨークをはじめとして、外国のどこの都市でもいいが、そのような行為はきわめて危険である。

さらに、日本を訪れた外国人が一様に驚くのは、道路に堂々と置いてある自動販売機であり、田舎《いなか》に限らずあちこちでみられる、店員がいない野菜などの無人販売所である。海外にも自動販売機はあるが、安全だと思われるようなごく限定された場所にしかない。ましてや無人販売所はほとんどない。日本では、窃盗などの犯罪がおきないことを前提に設置されていると考えるしかないのだ。

現在日本は世界の先進工業国中、もっとも低い水準の犯罪率を保っている。たとえば、暗数が少ない殺人の発生率の国際比較でいえば、日本はアメリカの約五分の一、フランス・ドイツの約三分の一、イングランド／ウェールズの約二分の一である。窃盗の発生率についても、イングランド／

ウェールズの約四分の一、アメリカ・ドイツの約三分の一である。また暴力犯罪・財産犯罪を含む主要な犯罪の発生率は、ドイツの約六分の一、イングランド／ウェールズの約五分の一、アメリカの約三分の一である[41]。

ところが興味深いのは、自殺率を国際比較すると、日本はイギリスの約三倍、アメリカ・ドイツの約二倍、フランスの約一・二倍で、先進工業国中もっとも高い[42]。日本では一九九八年以降、自殺者が年間三万人を超え、近年では三万人を少し割り込んでいるが、高止まりしたままである。これは、日本では他人を殺す代わりに、自分を殺していることを意味している。つまり危害のベクトルが他者にではなく、自己のほうに向いている。

つまり、犯罪率は非常に低いが自殺率は高い。いったいなぜなのか。

ここで結論を先取り的にいえば、この背景には、西欧社会にはない「世間」の非公式ルールへの同調圧力がきわめて強いこと、そしてそれによって人々が過度の自己抑制（self control）を要求されることがある。この自己抑制によって、犯罪率の低さと自殺率の高さが維持されているのだ。

ところで私は一応真面目な刑法学者で、ここ四十年ほど法律学に関わり、三十年以上大学や短大で学生諸君に法律を教えてきた。だが、そういってはなんだが、法律学を真面目にやればやるほど日本人は法を信じていないと思えてくる。やればやるほど、法律学の「学問としての自己否定」みたいになってしまう。それで完全にグレてしまって世間学を構想したのが、日本世間学会を立ち上げた十六年前のことだ。

法律学でいちばん大事な概念は、権利（right）や人権（human rights）である。当然のことながら権利という言葉は江戸時代にはなく、一八六八年ごろ right という言葉を翻訳して造語したものだ。実は、現在 right を英語の辞書で引くと「権利」のほかに「正しい」とある。つまり right の本来の意味は「権利＝正しい」ということになる。

ところが日本の「世間」では、「あいつは権利ばかり主張するイヤなやつだ」という言い方がよくされる。ここでは権利が悪い意味で使われていて、「正しい」という意味では使われていない。明らかに、日本語の権利と英語の right は、別の意味内容をもつと考えるしかないのだ。いったいなぜなのか。

西欧社会では、権利をもっているだけで「正しい」ということが大方の合意を得ている。しかしそれが「世間」のなかでは、「正しい」という意味がすっぽりと抜け落ちている。日本では「世間」が権利も人権も認めないからだ。

ロンドンでもパリでもベルリンでもニューヨークでもバルセロナでもどこの都市でもいいが、街歩きをしていると、すぐにわかることがある。それは歩いている人々の肌の色が違う、目の色が違う、髪の毛の色が違う、赤や黄のハデな服装もみんなバラバラで信じられないほど多種多様だということだ。

一人ひとり宗教も違うし、言葉も違うし、ものの考え方も違う。たしかにこうしたところでお互いの間で揉め事がおきた場合に、相互の軋轢を調整する原理は、宗教でも倫理でも道徳でもなく、法以外にない。権利が「正しい」という意味で使われるのは、それを相互に承認し合わないと紛争の収拾がつかず、「万人の万人に対する闘争」となり、へたをすると殺し合いになるからだ。

日本でも近年、街を歩けば外国人の労働者や観光客が目立つようにはなったが、大方の通行人の目の色は黒、髪の色は黒、肌の色は黄色、使っている言葉は日本語である。宗教だって、「一神教」の信者もいないわけではないが、大多数は「多神教」の信者だろう。なんせ日本は、外国人が単純労働につくことを、「研修」名目とかのあくまでも例外でしか認めないという、「鎖国政策」を一心不乱に続けている珍しい国である。

前に述べたように、社会とは「バラバラの個人から成り立っていて、個人の結び付きが法律で定められているような人的関係」である。つまり社会を支配するルールは、基本的には「法のルール」(rule of law.「法の支配」ともいう)である。日本は権利という言葉を明治期に輸入し翻訳はしたが、法や権利は社会に属する言葉であるために、現在でも社会という概念と同様タテマエとしてしか機能していない。

極端にいってしまえば、日本人は法や権利を誰も信じていない。というより、ホンネとしての「世間」があり、そのルールにがんじがらめに縛られているために、西欧社会ほど権利という概念の必要性がなかった、というべきかもしれない。だから、日本人は法のルールに反するよりはるか手前で、世間のルールに反し、「世間」のウチからソトへと排除されることをつねに恐れている。

この点で、河合幹雄が「世間がもつ防犯のメカニズム」について、面白いことをいっている。

日本社会は、家屋の塀は低く、戸締りも厳重ではない。基本的に、犯罪を実行される場面での防犯という意味では、諸外国と比較すれば無防備といってもよい。ところが、盗むのが容易でも、じつは盗んだものを使えない。（略）日本の警察の検挙率は極めて高い。方法は簡単であって、最近その近辺で金遣いが荒くなった人物を探して、「オマエダロ」とやるわけである。世間は、だれかが人知れず金持ちになることを許してくれない。プライバシーが十分に尊重されない日本社会では、だれがどの程度の収入があるかは隠せないのである。したがって、密かに泥棒に成功しても、世間のなかでは使えない。これでは泥棒はできない。

このように、世間の力と警察力が連携することによって、諸外国とは桁違いに犯罪の少ない社会が保たれている。(43)

家屋が無防備であるにもかかわらず、日本で窃盗がしにくいのは、それが法のルールに反する違法な行為だからではなく、「世間」のルールに反するからである。すでに述べたように、「世間」には「共通の時間意識」に基づく「人間平等主義」があるため、日本人は能力や才能の違いを認めず「みんな同じ」だと思っている。これと格上・格下などの「身分制」のルールが相乗して、独特の「ねたみそねみひがみやっかみ」意識が生まれる。

ねたみの意識があるため、とくに隣の人間との格差や差異にきわめて敏感になっている。だから河合がいうように収入の差は隠せない。隣人が突然金遣いが荒い「お金持ち」になったら、それだけで「何か悪いことをしたのでは？」と勘ぐられる。場合によっては警察にチクられる。「出る杭は打たれる」わけである。海外のように玄関のカギを二重三重にしなくてもいいのは、この「世間」の「人間平等主義」こそが、窃盗の抑止力になっているからだ。

つまり「世間」にあっては、日本人を強く縛っているさまざまな非公式なルールが、犯罪の抑止力になっている。こうしたルールは、西欧社会には存在しない。その代わりに、公式のルールとしての法のルールがあるだけなのだ。そしてこうした違いは、すでに前に述べたように、「世間」がウチ／ソトを厳格に区別するところにその理由がある。

小宮は、日本の集団（「世間」）と西欧の集団（社会）とを比較して、大略次のようにいう。日本の集団は地域を基礎に作られ、異質な者から構成されるために、細かい非公式ルールを作り、さらに情緒的に集団への参加をうながす必要がある。また、伝統的にウチとヨソ（ソト）を区別し、ウチでは伝統的な「義理」などの非公式ルールが支配し、ヨソでだけ権利・義務などの法のルールが通用する。これに対して、西欧の集団は、趣味などの個人的特性に応じて作られるため、ウチとヨソとの厳格な区別もない代わりに、非公式ルールが存在していないために法のルールしか通用しない、と(44)。

小宮は日本の集団では、「義理」などの非公式ルールが支配しているという。いうまでもないが「義理」とは、「贈与・互酬の関係」での「親切―義理―返礼」の連鎖のなかで、贈与を受けた側に生まれる立場を示している。それは、ある種の心理的強迫といってもいいぐらいに日本人を縛っている、特別な感覚である。

ここで大事なことは、「世間」のウチではさまざまな非公式ルールが支配するが、それはあくまでも身内に対してだけであって、「世間」のソトには及ばないということである。「世間」のソトで通用するのは、法のルールであり、逆にいえば、法のルールは「世間」のウチでは通用しない。これが、「世間」で権利や人権が通用しない理由である。

日本で裁判が「訴訟沙汰」などと呼ばれて敬遠されるのは、問題が生じたら「世間」のウチ側のルールで処理すべきであって、「世間」のソトで「表沙汰」にすべきでないと考えられているからである。つまり紛争は、「世間」のウチでは処理できなくなり、ソトに持ち出されてはじめて、法のルールで処理される。個別の紛争は「世間」のウチ側で処理されるべきだと考えられているために、それがソトに持ち出されることは恥であり、「世間体が悪い」ことになる。

さらに小宮はいう。日本では、「義理」などの非公式ルールを守り、ウチ集団に包摂されることでアンソニー・ギデンスがいう「存在論的安心」(ontological security)を得ることができる(45)、と。「世間」ではこの非公式ルールを守ることによってだけ、「世間」からの援助を受けることができ、「存在論的安心」、すなわち「自分がそこに存在していることに自分で確信がもてる状態」を獲得することができる。

こうした非公式ルールが、町内会、学校、会社、お役所、組合、政党、メディア、学会、暴力団、教会、趣味のサークルなど、日本のありとあらゆる集団を支配している。じつは、こうしたさまざまな集団の非公式ルールが犯罪の抑止力になっているのは、それが内面に刷り込まれることによって、高度な自己抑制をおこなう人間を作り出してきたからである。

〈家族―学校―会社〉での規律＝訓練

日本ではあらゆる集団にこの非公式ルールが貫徹し、それが高度な自己抑制を生み出している。

では、このような自己抑制はどのような規律＝訓練によって可能になったのか。ここでは、家族、学校、会社という代表的集団について考えてみたい。

まず家族である。家族は本質的にいえば吉本隆明がいう〈対幻想〉であり、「世間」という〈共同幻想〉とは相対的に独自の領域である。西欧の近代家族では、〈対幻想〉としての家族と〈共同幻想〉としての社会は矛盾し対立する。しかし日本の家族の最大の問題は、戦前の「いえ」の意識が残ってきたために、「世間」からの侵食を受け続け、独自の〈対幻想〉の領域を獲得できず、西欧的な意味での近代家族が形成されなかったことである[46]。

第2章で詳しく述べるが、たとえば子どもが犯罪を犯したようなときに、日本の親はただちに「世間」に謝罪することを求められ、自分の家族を守ることができない。ところが西欧社会では、〈対幻想〉を本質とする近代家族が形成されてきたために、家族は愛情原理で結ばれていて、自分の家族を守るのは当然と考えられている。そのため、子どもが犯罪を犯したとしても、親が社会への謝罪を強いられることはない。日本では考えられないが、記者会見で親が子どもを擁護しても、いっこうに差し支えないのだ。

「世間」の家族への侵食を象徴するのが、子どもが何か不始末をしでかしたときに親がいう、「世間体が悪い」という言葉である。それは家族というウチの問題を解決するのに、〈対幻想〉に基づく愛情原理ではなく、「世間体」という家族のソトの原理を密輸入していることを意味する。家族の非公式ルールのなかに、「世間」の非公式ルールが混入していることになる。

たとえ二十歳過ぎた子どもが犯罪を犯したような場合でも、親が「世間」への謝罪を強いられるのは、親子が個人と個人ではなく、一体のものとしてとらえられているからである。阿部は、日本では「お母さんが九十歳で息子が七十歳でも、相変わらず息子なのです。七十歳になろうが八十歳になろうが、息子は息子なのです[47]」といっている。

西欧では子どもを育てる場合に、小さなころから部屋で一人にして自立心を養うが、日本では添い寝などの身体的接触が多く、親子の関係がベタベタで、西欧のように個人と個人との関係にはならない。日本で、子どもを自分の「モノ」と考える母子心中が頻発するのは、そのためである。つまり七十歳になっても八十歳になっても、死ぬまで子どもは親子という、上下の「身分制」に縛られることになる。

小宮が面白い例をあげている。アメリカでは、子どもが何か悪いことをした場合に、外出させないよと脅す。しかし日本では叱る場合に、家から外に閉め出すよと脅す。これによって日本人は、処罰とは、家族というウチ世界からの排除だということを学ぶのだ[48]、と。

誰でも思い当たるふしがあると思うが、私も不始末をしでかして親から「家から出ていけ」と言われたことがある。たしかに日本の子どもは、ウチにあるさまざまな非公式ルールに反した場合のペナルティーが、ソトへの排除であるということを学ぶ。これは「世間」のウチ／ソト関係のあり方とちょうど相似形になっている。このことで、子どもは小さいころから家族のなかで、ウチ／ソトの関係という「世間」のルールを学び、それが内面化されることになる。

次は学校である。学校は一つの「世間」を構成し、さまざまな非公式ルールに縛られている。とくに日本の学校は制服の強制をはじめとして髪形、シャツの色、スカートの丈、靴下の色、靴の色やワンポイントの有無などについての細かな校則がきわめて多い。生徒の登校時、門の前で生徒指導部の教師や、生徒会の生徒まで駆り出されて、髪形から靴に至るまで服装検査をする異様な光景はいまでもよく見られる。

熊本県で公立中学校の丸刈りの校則が、憲法十四条の「法の下の平等」、二十一条の「表現の自由」、三十一条の「適正手続きの保障」という基本的人権を侵害しているとして、男子生徒とその親が学校と設置者である町を訴えた事件があった。だが一九八五年に、裁判所は憲法違反にはあたらないとした（熊本地裁一九八五年〔昭和六十年〕十一月十三日判決）。さすがに近年では丸刈りを強制するところはなくなったようだが、では現在の校則の髪形規制は、憲法違反でないといえるのか。

一九九四年に日本政府も批准した（はずの）「子ども権利条約」には、「意見表明権」「表現の自由」「思想・良心・宗教の自由」「結社・集会の自由」が堂々掲げられている。これらを日本の小・中・高校で本気で真面目に実行しようというなら、学校の教師や親やPTAは、これまでの数々の所業をまず全面的に自己批判し、生徒たちに土下座して謝らなければならないような内容である（はず）。はっきりいって、日本の学校では「子どもの権利」など、教師も親も誰も気にしちゃいないのだ。

またよくあるのが、クラスを小さなグループに分け、掃除や学校行事などでお互いに競わせることだ。そして、誰かグループの一人が失敗したようなときに、何の関係もないにもかかわらず、グループ全体への連帯責任を負わせる。これなど、私は相当にヘンだと思うが、江戸時代の縁座・連座責任が復活しているとしかいいようがない。

掃除だけではない。エプロンをつけての給食当番も当然のようにおこなわれるが、これなども海外ではみられない。学校で働く労働者の仕事を奪うことになるとされるからだ。しかしよーく考えてみれば、東日本大震災のときに避難所で被災者が、自主的に食事担当、トイレ掃除担当など仕事を分担して冷静に行動できたのは、小・中学校時代のこうしたグループ活動の規律＝訓練のせいである。

ところで学校ではこうした非公式ルール以外に、小学校高学年ぐらいから私のいう「プチ世間」(49)としてのグループを作り、お互い縛り合った生活をするようになっている。「教室は　たとえていえば　地雷源」という中学生の川柳があるそうだが、そこでは、生徒たちが土井隆義がいう「つながり過剰症候群」(50)に陥っている。

子どもが小さな「世間」を作り、それから排除されないために「やさしい関係」を保ち、お互い縛り合う生活をしている。それは、給食当番などの「上から」の非公式ルールではなく、いわば相互の「プチ世間」関係から生み出される「横から」の非公式ルールだといえる。

最後は会社である。会社も一つの「世間」を構成している。

日本の会社は伝統的に、年功序列制と終身雇用制、そしてそれによる会社への忠誠心の強さという特徴をもっている。年功序列は「世間」の年上・年下という「身分制」に基づく制度である。また、終身雇用は会社と社員との「贈与・互酬の関係」に基づく制度だし、さらに会社への忠誠心は、会社との一体感という意味での「共通の時間意識」に基づくものである。日本のサラリーマンは、こうした制度によって会社という「世間」に包摂され、生活を保障され、「存在論的安心」を得てきた。

ところが、第2章でもう一度ふれるが、一九九〇年代末ぐらいには、新自由主義の浸透と拡大によって職場に成果主義が導入され、こうした日本的雇用制度が崩壊したといわれる。サラリーマン諸君が突如戦う「強い個人」になったわけではなく、会社のなかでの「世間」的関係がなくなったわけでもないから、競争的環境に置かれることによるうつ病の増加といった、職場での深刻な矛盾が顕在化している。

その結果が過労死である。karoshi はそのまま英語になっているそうだが、それは西欧社会ではおよそ考えられない概念だからである。彼らにとって労働は生きるためにするものであって、それで死ぬなんて驚天動地の世界の話である。かれらにとって人生の最優先順位は家族であって、ゼッタイに仕事ではない。

二〇〇〇年に当時の小渕恵三首相が脳梗塞で倒れて現役のまま亡くなったが、あれは明らかに過労死だった。日本は首相さえ働きすぎで過労死する不思議の国である。西欧の職場では一カ月の夏休みはべつに珍しくない。日本の職場では、有給休暇さえまともに取れないのは、日本のサラリーマンだったら誰でも知っている。

現に時事通信社の記者が、夏休みに連続一カ月の有給休暇を取り、ヨーロッパに取材に行ったら会社から懲戒処分を受け、処分取り消しの訴訟をおこしたが、最終的に最高裁で負けるという事件があった（最高裁第三小法廷一九九二年〔平成四年〕六月二十三日判決）。その後この記者は、結局会社をクビになった。

裁判所は労働者の年休取得権より、会社の「時季変更権」つまり「会社側の都合」のほうを優先させたのだが、日本では社員は会社に忠誠を尽くすのが当然で、一カ月の夏休みは「世間」の「非常識」だということだろう。言い換えれば、一カ月の夏休みは、会社の非公式ルールに反する行為であり、クビに値するというのだ。

以上のように、日本では家族、学校、会社での非公式ルール、すなわち「世間」のルールによる規律＝訓練がつねにおこなわれている。そのなかでウチ／ソトの区別が、徹底的に頭に叩き込まれる。次第に「世間」のウチにいることに「存在論的安心」を感じ、「世間」のソトに排除されることを極端に恐れるようになる。

その結果、「世間」のなかで日本人は「世間を離れては生きていけない」と思い、「世間」のルールに反するような行為について、強い自己抑制をおこなうようになる。そのため危害のベクトルが、他者より自己に向かいやすい。この自己抑制の強さこそが、日本の自殺率の高さの根底にあり、日本の治安のよさや低犯罪率のアルファでありオメガとなっている。

小宮は、日本と西欧では逸脱と見なされるレベルが違うという。

> 高度な自己抑制をする日本人は、ちょっとしたルールにさえ順応する傾向があるために、西欧においてはノーマルなものとみなされる行為でも、日本においては逸脱だとみなされる傾向がある。それゆえ日本では、西欧人にとっても日本人にとっても逸脱とみなされる行為は、初期の段階でつよく抑止される。端的にいえば、ウチ世界は、些細な犯罪であっても、それが大

事にいたる前に抑止するということだ。[51]

つまりこういうことだ。日本人のまわりには非公式ルールというバリアーが張ってあって、それにひっかかる逸脱行為はあらかじめ抑止される。ここでは違法行為になるはるか以前に、さまざまな集団の非公式ルールに反するかどうかが行動の基準になる。

一方西欧社会では、日本にあるような非公式ルールがないか希薄なために、逸脱行為は法というバリアーにひっかかるまで抑止されない。そこでは明確に法のルールに反するかどうか、つまりそれが違法であるかどうかが行動の基準となる。

そうすると日本では、ちょっとした逸脱行為も、「世間」のルールに反する行為として非難されるために、ましてや法に反する犯罪行為は、それがささいなものであっても、極悪非道の行為としてより強く非難され、その結果「世間」から排除されることになる。つまり犯罪をするかしないかを考えるときに、自己抑制が強くかかる。これが日本の治安のよさ、犯罪率の低さとして表れているのだ。

犯罪／犯罪者はケガレと見なされる

西欧社会と「世間」では、犯罪についての考え方がまったく違う。この点も日本の治安のよさ、犯罪率の低さの背景になっている。

それは日本が、明治期に列強のなかで急速な近代化に成功したにもかかわらず、少なくとも先進工業国のなかでは、異様なほど伝統的なものを多く残してきたからである。いうまでもないが、そのなかでもっとも大きな出来事が、ヨーロッパでは八百年ほど前に消滅した「世間」という人的関係が現在まで残ったことである。

河合は殺人を犯した刑務所からの出所者がどうなったかについて、次のようにいう。

殺人を犯した出所者の行く先を調べた調査によれば、数十件中の一件、大地主の人物を除いて、全員が出身地に帰れていない。それも家族ごと故郷を出ている。つまり一言でいえば、犯罪者は世間から家族ごと永久追放なのである。（略）

これは、欧米の刑罰思想からいえば、まったく受け入れられない仕打ちである。刑罰は、適正な手続きを通じて裁判で国家によってしか科すことができないからである。世間という民が、いつまでも犯罪者を懲らしめ続けるのは、法学の考え方からすればとんでもないことである。文句なしに憲法に反する行為である。[52]

もちろん、「世間」が罪を償った出所者をいつまでも排除し続けるのは、「世間」のウチでは法のルールが作動せず、権利や人権という概念が信じがたいほど希薄だからだ。「無罪推定」という法のルールがあるのに、逮捕され身柄を拘束されただけで、メディアでは大々的に犯人扱いされ、クロの烙印を押される。事実上の「有罪推定」である。いまでも冤罪事件が絶えないが、いったん逮捕されたら、職を失うなど社会的信用がなくなり、たとえあとで無罪が確定しても回復は難しい。

それだけではない。排除されるのは、「呪術性」というルールがあるために、犯罪／犯罪者がケガレと見なされるからだ。犯罪をケガレと考える意識はきわめて古い。ヨーロッパでもそうだが、近代以前の共同体は、科学技術が発達している今日とは異なり、自然災害や飢饉などの不測の事態によって、人々のつながりが簡単に壊れてしまう脆弱さをもっていた。一人の人間が殺されることは、それだけで共同体全体のつながりを危うくする。

そのために犯罪は、近代以降のように単に個人の利益を侵害する行為なのではなく、人々の間のつながりをケガし、共同体の秩序を崩壊させる行為と見なされた。そして、犯罪者を処罰することによってはじめて、ケガレた共同体の秩序が回復されると考えられた。たしかに斬首、八つ裂き、内臓開き、磔など当時の刑罰は、私たちから見ればひどく野蛮で残酷に思える。だが、それは近代人の偏見というもので、刑罰は「神への捧げ物」という意味をもつ一種の宗教儀式だったのだ。

日本に現在あるようなこうしたケガレの意識は、ヨーロッパではキリスト教の浸透と、「世間」の「呪術性」ルールの否定、そして社会が形成されることによって徐々に消滅していった。ところが日本ではそうした歴史がなく、「世間」が連綿として続いてきたために、ケガレの意識が現在でも強固に残り、第3章でふれるが、これが部落差別などの差別意識につながっている。

犯罪がケガレと考えられるために、犯罪者の家族・親族などの関係者や、犯罪／犯罪者に関係するモノまでが、忌むべきケガレと見なされ排除される。たとえば中世以前のヨーロッパで、追放の刑を受けた犯罪者の住居や土地がどのように扱われたか。

カール・ブルノー・レーダーによれば、以下のような記録があるという。

心理学的に興味の深い一連の措置が、この追放と結びついていた。まず第一に、昔は追放の後では、ほとんどいつでも、荒廃させる仕事といわれることが行なわれた。それは、古い出典に言われているような、「焼却および破壊による迫害」で構成される。つまり、被追放者の家は大地と同じにされたのだが、焼いてしまうか、または、焼けば隣人に危険を及ぼすようなときは取り壊してしまい、なに一つとして残してはならなかった。古代フランスやノルマンの法によれば、立木も引き抜かれ、庭園や畑まで荒廃に帰せしめられた。この荒廃させる仕事には、すべての住民が協力させられた。そんな協力をこっそりと免れる者は罰せられた。(53)

これを読んで、一九九八年におきた「和歌山毒物カレー事件」を思い出した人がいるかもしれない。この事件の元被告女性は二〇〇九年に最高裁で死刑が確定したが、元被告夫妻が住んでいた家は、塀に「人殺し」などと大量に落書きされたあと、〇〇年に放火で全焼して解体され、いまは焼け跡が公園になっているそうである。

家や土地など、犯罪者に関係したモノまですべて「処罰」される。レーダーは中世の町でも「犯人の家は徹底的に取り片付けられて「抹消」されている」(54)といっているが、ここには中世のヨーロッパとなんら変わらない光景がある。

これは、「毒物カレー事件」という犯罪自体がケガレと見なされ、元被告の家や敷地での落書きや放火は、そのケガレを「祓う」ためにおこなわれたと考えるしかない。建物を解体し更地にして公園に変えてしまうのも、ケガレを「なかったこと」にし、人々の記憶から消し去るためである。ここには何かいわくいいがたい、呪術的なチカラがはたらいているようにしか思えないのだ。

阿部はいう。

中世盛期にいたるまで人間と世界とのかかわり方は神的・呪術的な関係で貫かれており、行為（犯行）と結果との因果関係は理知的にとらえられてはいなかった。人々はいわば非合理的・呪術的な思考世界のなかに生きていたのであって、それはその限りで宗教的な世界でもあった。アハターは「宗教と法とはかつて同じものであった」といっている。(55)

ケガレの意識はこうした古い宗教的世界から生まれた。宗教と法は同じものだった。ここでいう神的・呪術的関係を「多神教」と呼んでもいいが、ヨーロッパではこうした意識は、八百年ほど前に、キリスト教の「告解」の普及を通じて「贖罪規定書」で明確に否定され、次第にキリスト教的世界観に一元化されていった。その結果、犯罪／犯罪者がケガレであるという意識が消滅し、聖と俗、宗教と法が分離され、犯罪は基本的には法に反する行為にすぎないという意識が定着した。

しかし日本には、こうした「呪術性」を一掃するような歴史がなかったために、「多神教」的な「呪術性」が消滅せずに、犯罪／犯罪者に対するケガレの意識が残ったのだ。いま家を建てる場合に、三隣亡の日を避けて建前をしたり、前に述べた「津地鎮祭訴訟」で問題になったように、大きな建物を建設する場合には施工主は神主を呼んで地鎮祭をおこなう。家や土地までが「処罰」されるのは、それらが呪術的なものと見なされるからだ。

江戸時代の犯罪者に対する縁座・連座責任という集団責任もまた、こうしたケガレの意識に基づいている。そこでは犯罪者の家族や親族全体が、ケガレと見なされるからである。第2章で詳しくふれるが、このことは、子どもが犯罪を犯した場合に、家族や親族がただちに「世間」に謝罪しなければならないというかたちで、現在でも執拗に残り続けている。近代法では、犯罪の責任は犯罪者自身だけに帰せられるという個人責任の原則が確立された。ところが奇妙なことに、実際にはその責任が、前近代のように、犯罪者の家族や親族への集団責任になっているのだ。

西欧とは異なり、日本では聖と俗の分離や宗教と法の分離が明確におこなわれないままになっている。こうした私たちの〈生活世界〉の日常的意識が、犯罪／犯罪者へのケガレの意識を生み出しているのである。

日本にしかない「ゆるし」の発動

日本の刑事司法で特徴的なのは、捜査の開始から刑の執行の終了まで、その一連の刑事手続きのなかで、西欧にはない「ゆるし」が発動されることである。つまり「まあ、ゆるしてやるか」ということで、被疑者・被告人・受刑者は起訴を免れたり、実刑を免れたり、刑務所に入っても仮釈放で刑期が短くなったりするのである。

デイビッド・T・ジョンソンは、アメリカでは犯罪は単に法律に違反する行為にすぎないが、日本では被害者、人間関係、および地域社会を害する共同体棄損行為と見なされるという。(56) そして、日本に比べてアメリカの犯罪者は、改悛の情を示すことが少ないという。

それどころか、彼女〔カリフォルニアの検察官：引用者注〕の説明によれば、アメリカの被疑者や犯罪者は、検察官や裁判官に向かって卑猥な言葉を喚いたり、短パンに野球帽、その上「くたばれ警察」(fuck the police) などと描いてあるTシャツを着て法廷にやってくる。「この連中は更生なんかしたくないのよ」と彼女は大声でいった。日米両国で法廷に三十分も座っていれば、被告人の態度が極端に違うことがよく分かる。日本の被告人は一貫して礼儀正しく、恭しく、また敬意に満ちた態度を示すのに対し、アメリカの被告人は常に「挑戦的な個人主義をむき出しにして、権威や権力に真っ向から立ち向かい、そこには恭順、恐れ、あるいは反省などはほとんど見られない」(Sanchez-Jankowski, 1991:26)(57)。

日本の裁判では「世間」への「真摯な反省と謝罪」が基本で、被告の「くたばれ警察」のTシャツはゼッタイにありえない。そういうことをやったら判決で量刑が重くなることは、誰でも知っている。アメリカでこれが可能なのは、犯罪が単なる法に違反した行為と見なされ、日本ほど反省や謝罪が量刑の基準とはならないからだ。だが日本では、被疑者・被告人の「真摯な反省や謝罪」があってはじめて、不起訴処分や刑罰の減免などの「ゆるし」が発動される。

では、この日本に独特の「ゆるし」とはいったい何か。現在でもなお圧倒的に人気がある日本の伝統的な犯罪と処罰の関係について、青木人志がラフカディオ・ハーンの「停車場にて」という小品を引用して説明している。それは次のようなものである。

ハーンは一八九三年に熊本で、巡査殺しの犯人が護送される場面に居合わせた。そのとき刑事が、被害者の遺児に犯人を引き合わせる。いたいけな目に見つめられた犯人は、地べたに身を投げてひれ伏し、顔を地面にこすりつけて、遺児に「罪滅ぼしに俺は死にます、俺は死にたい、俺は喜んで死にます。だからな、坊や、どうぞ堪忍しておくれ、俺を許しておくれ」と謝罪をする。そうするとまわりにいた群衆は静まり返り、いっせいにすすり泣きが始まる。刑事も目に涙を浮かべる。

これが「ゆるし」の原型である。青木は、この話にわれわれが感動し、一種のカタルシスを感じるのは、犯人がすべての悪事の真相を潔く認め、それを悔悟し、謝罪することこそが、「正義」の十全な実現を求めるという、日本の刑事司法の信念と結び付いているからだという[58]。

ここで群衆が静まり返るのは、「世間」の「共通の時間意識」によって自他の区別が溶け合って、犯人や遺児や刑事と完全に一体となり、犯人の態度に同情し共感を覚えているからである。いい意味でも悪い意味でも日本の「世間」には、自他を区別する個人が存在しないために、この共感が限度を超えて過剰になる「共感過剰シンドローム」が存在する。「世間」のソトに排除されないためには、「世間」の共感を得て「ゆるし」を得るしかない。「真摯な反省と謝罪」は、「世間」の「ゆるし」を得るための前提である。

白井駿は、西欧近代法は、犯罪者をその犯罪者にふさわしいように正確に処罰するという原理に従っていて、「ゆるし」という手続きが存在していないが、日本の刑事手続きには「ゆるし」が貫かれている、とする。

すなわち、日本の刑事裁判実務の根底には、古代インドの刑法思想や密教的刑法思想を基礎とした「贖罪」と「ゆるし」の思想がある。そのため、捜査の開始から刑の執行の終了に至るまで、さまざまな局面で、犯罪者とされた人間の贖罪を契機として、罪人への「ゆるし」とみられる多種多様な寛大な処分が実施されている、という(59)。

第2章で詳しく説明するが、この「寛大な処分」を代表するのが、被疑者を起訴するかしないかは検察官のサジ加減次第という「起訴便宜主義」である。たしかに日本では、年間百三十三万人ほどが検察庁に新規受理されるが、そのうち検察官によって正式起訴されたものは、驚くべきことに、わずか約七パーセントの九万人にすぎない。それ以外は「まあ、ゆるしてやるか」という「ゆるし」を得て、不起訴（起訴猶予）処分か、略式命令で罰金または科料となる。ここで検察官の「ゆるし」が発動されているのだ。

さらに正式起訴されたとしても、その約八三パーセントが罰金であり、懲役・禁錮は約一四パーセントにすぎず、さらにその半分以上に執行猶予がついて、刑務所に行かなくともすむ。刑務所に行くのはわずか約三万人で、年間に検察庁に新規受理された者全体の約二パーセントにすぎない(60)。ここでも裁判で「ゆるし」が発動されていると考えることができる。

また不幸にしていったん刑務所に入っても、更生の見込みがある場合には、仮釈放制度が活用されて、できるかぎり早く出される。長く入れておけばおくほど更生が難しくなるからだ。意外に思われるかもしれないが、日本の刑事政策は歴史的に、河合がいう「なるべく刑務所には入れない、入れてもすぐに出す(61)」という原則で運用されてきたのだ。

以上を簡単にまとめておこう。伝統的に日本の「世間」は、犯罪／犯罪者をケガレと見なし、「世間」のソトへと徹底して排除する傾向が強い。西欧では犯罪は単に法に反する行為だが、日本では「世間」という共同体の秩序を壊す行為だと考えられるからである。この「世間」の排除＝厳罰化の圧力はきわめて大きい。

一方、刑事手続きという「世間」のウチでは、「真摯な反省と謝罪」があれば、西欧の刑事手続きにはない「ゆるし」が発動されて、犯罪者は「世間」に再包摂される。つまり「世間」は人々をソトに排除する排除的側面と、「ゆるし」という人々をウチに包摂する包摂的側面を併せ持っている。

「世間」は、このソトへの排除とウチでの「ゆるし」という、まったく逆のベクトルをもつ二つの力学を巧妙に使い分けることによって、西欧社会にみられない治安のよさや犯罪率の低さを生み出しているのである。

注

（1）世間学を勉強するなら、さしあたり、阿部謹也「日本に西欧型「社会」は存在するか」（阿部謹也ほか『いま「ヨーロッパ」が崩壊する』〔カッパサイエンス〕所収、光文社、一九九四年、四七ページ以下）、阿部謹也『ヨーロッパを見る視角』（〔岩波セミナーブックス〕、岩波書店、一九九六年）、同『「世間」論序説——西洋中世の愛と人格』（〔朝日選書〕、朝日新聞社、一九九九年）、同『近代化と世間——私が見たヨーロッパと日本』（朝日新書）、朝日新聞社、二〇〇六年）がわかりやすい。

（2）戦後では、阿部の著作以前に「世間」を学問の対象としたのは、私が知るかぎり、井上忠司『「世間体」の構造——社会心理史への試み』（NHKブックス）、日本放送出版協会、一九七七年）だけである。

（3）M・モース『社会学と人類学』第一巻、有地亨／伊藤昌司／山口俊夫訳、弘文堂、一九八五年、二二六ページ以下

（4）渡辺洋三「法意識研究についての覚書」、日本法社会学会編『続法意識の研究』（「法社会学」第三十六号）所収、有斐閣、一九八四年、四五ページ

（5）佐藤直樹「都議会の性差別ヤジ」「北海道新聞」二〇一四年七月十一日付、参照

（6）白河桃子『格付けしあう女たち——「女子カースト」の実態』（ポプラ新書）、ポプラ社、二〇一三年、二八ページ

（7）世間学の観点からの日本語の特質の分析として、加藤薫「世間論と日本語——世間論に符合する日本語の文法的特徴」（「世間の学」Vol.3、日本世間学会、二〇一四年）九一ページ以下、参照。

（8）この点に関しての詳細については、佐藤直樹『暴走する「世間」——世間のオキテを解析する』（「木星叢書」、バジリコ、二〇〇八年）二二九ページ以下、参照。

（9）中根千枝『タテ社会の人間関係——単一社会の理論』（講談社現代新書）、講談社、一九六七年、一〇〇ページ

（10）小田嶋隆「「才能の無駄遣い」をやめよう」「新潮45」二〇一三年九月号、新潮社、一一五ページ。佐藤直樹「世田谷ナンバー騒動」「北海道新聞」二〇一三年十月十八日付、参照

（11）鴻上尚史『「空気」と「世間」』（講談社現代新書）、講談社、二〇〇九年、六ページ

(12)「朝日新聞」二〇一四年十一月二十五日付
(13) 阿満利麿『日本人はなぜ無宗教なのか』(ちくま新書)、筑摩書房、一九九六年、一五ページ
(14) 佐藤直樹『「世間」の現象学』(青弓社ライブラリー)、青弓社、二〇〇一年
(15) 大嶋仁『ユダヤ人の思考法』(ちくま新書)、筑摩書房、一九九九年、六九ページ
(16) M・フーコー「身体をつらぬく権力」山田登世子訳、桑田禮彰/福井憲彦/山本哲士編『ミシェル・フーコー』所収、新評論、一九八四年、一七〇ページ
(17) M・フーコー「真理と権力」北山晴一訳、同書所収、八五ページ
(18) 同論文八五ページ
(19) ミシェル・フーコー『性の歴史1　知への意志』渡辺守章訳、新潮社、一九八六年、一一九―一二〇ページ
(20) 同書一二〇ページ
(21) 山本七平『「空気」の研究』(文春文庫)、文藝春秋、一九八三年、一六ページ
(22) 榎本博明『「すみません」の国』(日経プレミアシリーズ)、日本経済新聞出版社、二〇一二年、三八ページ。冷泉彰彦『「関係の空気」「場の空気」』(講談社現代新書)、講談社、二〇〇六年、参照
(23) 前掲『「空気」の研究』一九ページ
(24) 同書一九ページ
(25) 前掲『「空気」と「世間」』九六―九七ページ
(26) 前掲『「空気」の研究』三八ページ
(27) 前掲『「世間体」の構造』七六ページ
(28) Nobuo Komiya, "A Cultural Study of the Low Crime Rate in Japan", *British Journal of Crimiology*,

39(3), pp.372-376.

（29）前掲「日本に西欧型「社会」は存在するか」六五ページ

（30）鹿島徹「予備考察」「哲学」第五十六号、日本哲学会、二〇〇五年、二六―二七ページ

（31）今枝法之は、「イエ」「ムラ」「ウチ」について、阿部がこれまでの社会学などの研究成果を十分に検討していないと批判する（今枝法之「『世間学』再考（前編）」「松山大学論集」第二十巻第三号、松山大学、二〇〇八年、一〇二ページ以下）。

（32）柄谷行人『批評とポスト・モダン』福武書店、一九八五年、三六ページ

（33）同書三九ページ

（34）同書四六ページ

（35）カレル・ヴァン・ウォルフレン『人間を幸福にしない日本というシステム』篠原勝訳、毎日新聞社、一九九四年、二六ページ

（36）前掲『「空気」と「世間」』四六ページ

（37）阿部謹也『学問と「世間」』（岩波新書）、岩波書店、二〇〇一年、一一一―一一二ページ

（38）前掲『近代化と世間』一〇二ページ

（39）同書一〇二ページ

（40）「週刊現代」二〇一一年四月九日号、講談社、一七一―一七二ページ。佐藤直樹「「しかたがない」という言葉」「北海道新聞」二〇一一年六月四日付夕刊、参照

（41）資料は二〇一二年のもの。法務省法務総合研究所編『犯罪白書』平成二十六年度版、日経印刷、二〇一四年、三八―四〇ページ

（42）二〇一一年のもの。ＯＥＣＤの統計による "Suicides Deaths per 100 000 population"（http://www.

oecd-ilibrary.org/social-issues-migration-health/suicides_20758480-table10）［二〇一五年三月八日アクセス］。
（43）河合幹雄『終身刑の死角』（新書y）、洋泉社、二〇〇九年、一八二ページ
（44）Nobuo Komiya, op. cit., pp.375-378.
（45）Ibid., p.373.
（46）「世間」があることによって、日本で近代家族が形成されなかったことについては、佐藤直樹『なぜ日本人は世間と寝たがるのか――空気を読む家族』（春秋社、二〇一三年）、参照。
（47）阿部謹也「世間と差別」、阿部謹也編著『世間学への招待』（青弓社ライブラリー）所収、青弓社、二〇〇二年、三九ページ
（48）Nobuo Komiya, op. cit., p.382.
（49）「プチ世間」については、佐藤直樹『暴走する「世間」で生きのびるためのお作法』（〔講談社＋α新書〕、講談社、二〇〇九年）四〇ページ以下、参照。
（50）土井隆義『つながりを煽られる子どもたち――ネット依存といじめ問題を考える』（岩波ブックレット）、岩波書店、二〇一四年、五ページ
（51）Nobuo Komiya, op. cit., p.385.
（52）前掲『終身刑の死角』一七六ページ
（53）K・B・レーダー『図説・死刑物語――起源と歴史と犠牲者』西村克彦／保倉和彦訳、原書房、一九八九年、八三―八四ページ
（54）同書八四ページ
（55）阿部謹也『刑吏の社会史――中世ヨーロッパの庶民生活』（中公新書）、中央公論社、一九七八年、

四〇ページ
(56)D・T・ジョンソン『アメリカ人のみた日本の検察制度――日米の比較考察』大久保光也訳、シュプリンガー・フェアラーク東京、二〇〇四年、一三一―一四五ページ
(57)同書一四五ページ
(58)青木人志『「大岡裁き」の法意識――西洋法と日本人』(光文社新書)、光文社、二〇〇五年、一一二―一一三ページ
(59)白井駿「刑事裁判実務研究序説」「国学院法学」第四十巻第四号、国学院大学法学会、二〇〇三年、一四六ページ。佐藤直樹『刑法39条はもういらない』青弓社、二〇〇六年、一九四―一九七ページ、参照
(60)資料は二〇一三年のもの。前掲『犯罪白書』平成二十六年度版、四四ページ
(61)前掲『終身刑の死角』三八ページ

第2章　犯罪／処罰を取り巻く「世間」

そもそも一九九〇年代末以降に生じた排除＝厳罰化は、いったいなぜおきたのか。日本も後期近代に突入し、新自由主義の浸透と拡大によって、「世間」が「復活」したからだ、というのが私の答えである。さらにこの第2章では、加害者家族へのバッシングや「新しいファシズム」の台頭の背景には、この厳罰化の空気があることを明らかにしたい。

1　「処罰福祉主義」をめぐって

ここで「処罰福祉主義」という耳慣れない言葉が出てくるが、これは、二十世紀の福祉国家の登場によってヨーロッパで生まれたもので、犯罪者をただ処罰するのではなく、矯正したり、教育したり、治療したりすることが大事だ、という考え方である。専門的な内容になるので少し難しいかもしれないが、ビビることはない。まず、「処罰福祉主義」をめぐるヨーロッパと日本の刑法の歴史を確認しておきたい。

排除＝厳罰化は犯罪増加によるものか

日本では一九九〇年代末から、刑事司法での厳罰化が顕著になっている。一九八〇年代と比較して、人々の「体感治安」が悪化し、検察官の求刑が引き上げられ、裁判所の量刑の相場も引き上げられている。また、死刑や無期懲役の判決が増加している。さらに刑法改正が頻繁におこなわれ、法定刑の引き上げなどの厳罰化が生じている。この現象は、明治期の近代化による刑法の成立以来、刑事政策の根底的転換として、時代を画するような大きな歴史的出来事だと考えなければならない。

じつはこのような厳罰化への刑事政策の転換は、世界的な傾向として、とくに先進工業諸国で、一九七〇年代から顕著になっている。ジョック・ヤングは、二十世紀も残り三分の一に始まるこの時代を「後期近代」（Late Modernity）と名づけ、それまでの福祉国家的な包摂型社会から新自由主義的な排除型社会への転換があったとみる。

しかしヤング自身が著書のなかで、「二〇世紀の残り三分の一の時期、おそらく日本を除けば、どの先進産業国でも犯罪発生件数は増加した」(1)とわざわざ注意しているように、各国で排除型社会に至る大きな要因になった犯罪発生率の増加という現象は、日本ではまったくみられない。日本では一九五〇年代以降を考えても、犯罪発生率は一貫して減少傾向にあり、治安は悪化していない。日本でいうまでもないが、日本の治安のよさや犯罪率の低さは、西欧にはない「世間」がその背景にあるからである。

とはいえ一九九〇年代末以降、明治期の黒船以降「第二の開国」といわれる新自由主義の浸透と拡大に象徴されるような後期近代の波が日本を襲い、それによって「自己責任論」が台頭し、「世間」が犯罪／犯罪者の厳罰化を要求するようになったこともたしかである。

ではいったい、犯罪発生率の増大という先進工業国に共通の背景がなかったにもかかわらず、日本でこの時期に厳罰化が生じたのはなぜか。これに対して、日本でも、後期近代への突入によって包摂型社会から排除型社会への転換があり、伝統的な犯罪者を「ゆるす」という文化が後退し、犯罪者を排除するようになったからだと説明されることが多い。言い換えれば、それまで犯罪者を受け入れてきた「世間」のような共同体が解体したために、人々の寛容さが失われ、厳罰化が生じたのだと説明される。

だが本当にそうだろうか。浜井浩一は、オーストラリアの犯罪学者ジョン・ブレイスウェイトがいうような、日本では犯罪者の謝罪を刑事司法を含む社会が受け入れ、犯罪者の社会復帰を促し、安全な社会が保たれているとする議論に対して、日本社会は犯罪者に対して本当に寛容なのかという疑問を呈している。[2] 浜井がいうように、もともと「世間」は犯罪者に対して決して寛容だったわけではない。

第1章で述べたように、日本の「世間」は、犯罪者をケガレとして「世間」のソトに排除する排除的側面と、真摯に反省し謝罪する犯罪者をゆるして「世間」のウチへと包摂する包摂的側面との、一見矛盾した二つの側面をもっている。だから、排除的側面はもともと伝統的にあったもので、日本が包摂型社会から排除型社会に変化したために、一九九〇年代末以降の厳罰化が生じたわけではないのである。

結論を先取り的にいえば、私はむしろこの時代に、それまでは近代化によって次第に消滅すると考えられてきた「世間」が、逆に「復活」したために厳罰化が生じたと考えるべきではないかと思っている。(3)

以上のことを明らかにする前提として、次では、まずヨーロッパでの近代刑法の成立とその日本への輸入の意味、とくに「処罰福祉主義」の成立と後退の意味を簡単に検討したい。

自由な法的主体から一つの客体へ

日本の刑法は歴史的に、ドイツ刑法の影響を強く受けてきた。そのドイツでは十八世紀終わりから十九世紀初めにかけて、とりわけパウル・ヨハン・アンゼルム・フォン・フォイエルバッハによって罪刑法定主義の原則、すなわち「法律がなければ刑罰なし。法律がなければ犯罪なし」という原則が確立された。そこでは、すべての人間は、法的な契約主体となりうる自由な人格として認められ、法を破った者は、自らの行為に対する責任を負わされると考えられた。

そのあとに続くハインリッヒ・ルーデンやアルベルト・ベルナーやカール・ビンディングなどの、十九世紀の自由主義の時代に生まれた古典的な自由主義刑法学は、旧派刑法学と呼ばれる。それは、処罰が客観的な犯罪行為に基づいて決められるという客観主義の立場をとり、刑罰は応報刑として、あくまでも犯罪行為の軽重に基づいて科せられると考えた。つまりここでは、自由な意思で理性的に犯罪を犯す犯罪者が措定されている。

自由主義刑法学の犯罪と刑罰の関係についてエフゲニー・ブロニスラヴォヴィッチ・パシュカーニスは、商品経済の全面化によって、「犯罪は、交換関係すなわち契約関係が事後的に、すなわち一方の当事者が手前勝手に行為してからあとで確立されるという、流通の特殊な変種とみなすことができる。犯罪と報復との比率は、この交換の比率にほかならない(4)」という意味をもつことになったという。また罪刑法定主義の意味とは、「彼は裁判という取引の結果支払う自由の量を知らなければならない(5)」ことだとする。

すなわち、パシュカーニスがいうように、刑法の犯罪と刑罰との関係は、ある種の契約関係としての「犯罪と刑罰の等価交換」（応報原理）であることになる。自由主義刑法学では、この「犯罪と刑罰の等価交換」という原理が純化したかたちで実現される。しかも大事なことは、罪刑法定主義では、法的な契約主体となりうる自由な人格として、犯罪と刑罰を交換しうる自由で理性的な主体の存在が前提になることである(6)。

だが十九世紀末になると、科学的実証主義の台頭を背景として、イタリアのチェーザレ・ロンブローゾやドイツのフランツ・リストなどの新派刑法学が、刑罰は応報ではなく一定の目的のための目的刑ないしは教育刑でなければならないとした。またその場合の犯罪者とは、自由主義刑法学が考えたような自由な意思をもつ主体ではなく、実証主義のもとで科学的に分析可能な決定論的な対象となった。

しかも新派は、それまでの旧派の客観主義の主張に対して、犯罪から社会を防衛するという観点から、犯罪を防止するためには、犯罪行為ではなく、犯罪者そのものに注目しなければならないと主張した。これが主観主義である。そのためには、犯罪者を科学的に分析し、矯正や教育や治療によってその危険性を取り除かなければならないという。この新しい流れが、十九世紀末に始まる帝国主義の時代に生まれた帝国主義刑法学である。(7)

二十世紀初めには、台頭してきた新派とカール・ビルクマイヤーなど旧派との間で、いわゆる「学派の争い」が生じる。その対抗軸は、意思決定論／意思自由論、目的・教育刑／応報刑、特別予防／一般予防というものだった。ここで重要なことは、新派の台頭によって、刑事司法での主題が犯罪行為から犯罪者に転換したことである。

さらにフーコーによれば、この犯罪者は自由主義刑法学が考えたような自由に契約をおこなう主体ではなく、「司法官や陪審員が前にするもの、それはもはや法的主体ではなく、一つの客体(8)」としてとらえられる。すなわち、犯罪の予防、犯罪者の教育・治療のために、精神医学など実証科学のテクノクラートが動員され、犯罪者は「修正、再適応、社会復帰、矯正などにかかわる技術と知にとっての客体(9)」になったのである。

つまり、ここでは罪刑法定主義が否定され、犯罪の重さではなく、犯罪者の危険性によって刑罰が科される。また犯罪者は、「犯罪と刑罰の等価交換」をなしうる自由な契約主体ではなく、環境によって決定され、実証科学の対象になるような客体となる。さらに罪刑法定主義とは「犯罪と刑罰の等価交換」そのものを意味するから、これは、実証科学的な刑事政策や社会政策の介入によって、「犯罪と刑罰の等価交換」が不純化していくことを意味する。

この刑事司法過程への福祉国家的な刑事政策や社会政策の介入を、デービッド・ガーランドは「処罰福祉主義」(penal-welfarism)[10]と呼ぶ。これがレッセ・フェール（自由放任）を背景とした自由主義的刑法から、福祉国家的な帝国主義刑法への転換を意味する。そこでは犯罪者の処罰は、自由主義刑法でのように「法学的」(judicial)に判断されるのではなく、精神科医、心理学者、医師、教育者、ソーシャルワーカーなどの協力のもと、「行政管理的」(administrative)な技術上の問題になる。いままで正義や相当性や応報の用語で語られた場面で、規範や欲求や病理や危険性が語られるようになる。[11]

ヤングはこのことを、「犯罪者は社会復帰させられ、精神障害者と薬物依存者には治療が施され、移民は同化させられる。十代の若者は「矯正」され、崩壊した家族はいま一度正常に戻るようにカウンセリングを受けさせられる。それでも頑固に厄介な問題を起こそうとする集団は、福祉国家とその役人たちにとってじつに仕事のしがいのある、歓迎すべき挑戦相手でさえあった」[12]という。「処罰福祉主義」は、公権力の個人や家族への介入を正当化する。福祉国家の台頭によって生まれたこの「処罰福祉主義」こそ、帝国主義刑法の特徴といえるだろう。

ガラパゴスかクールジャパンか

さて以上のようなヨーロッパの刑法の動向のなかで、日本では明治期に「第一の開国」として刑事司法の近代化がおこなわれた。ヨーロッパの刑法が輸入され、まず旧刑法が一八八〇年に作られる。旧刑法が特徴的なのは、「法律ニ正条ナキ者ハ何等ノ所為ト雖モ之ヲ罰スルコトヲ得ス」（二条）として、罪刑法定主義の原理を明記していることである。

この罪刑法定主義を厳格に実現するために、たとえば殺人罪でも「謀殺」（二百九十二条、法定刑は死刑）、「毒殺」（二百九十三条、死刑）、「故殺」（二百九十四条、無期徒刑）、「誤殺」（二百九十八条、故殺をもって論じる）といったように、犯罪類型を細かく区分し、それに従って法定刑も細かく定めていた。

つまりここでは旧派が主張する自由主義刑法の影響を受け、犯罪類型を細分化し、それに従って法定刑を明確にし、裁判での裁量の幅をきわめて狭くした点が重要である。それは、犯罪行為に即して応報原理が貫かれるという点で、「犯罪と刑罰の等価交換」が純粋に貫徹されたことを意味する。

ところが、犯罪行為よりも犯罪者に注目する新派刑法学の主張が次第に有力になり、その主張に沿って、ただちに旧刑法は改正されることになる。現行刑法になった一九〇七年刑法がそれである。富井政章などの当時の新派の刑法学者は、同じ殺人を犯したとしても、人には千差万別の事情があり、その個別的な事情を考慮しなければならないが、旧刑法ではそれが不可能だと主張した(13)。つまりここでは犯罪者に焦点を当てる「処罰福祉主義」が表明されている。

その結果、新刑法では罪刑法定主義の規定が廃止され、故殺や謀殺などの区別はなくなり、殺人罪の犯罪類型はたった一つになり、法定刑も「死刑又は無期、若しくは三年以上（二〇〇五年改正で五年以上に変更）の懲役」（百九十九条）となった。つまり裁判所の裁量の余地が大幅に拡大した。帝国主義刑法の「処罰福祉主義」によって、刑法への刑事政策や社会政策の介入が始まり、応報原理としての「犯罪と刑罰の等価交換」が不純化していくのである。

このように日本の刑事司法の急速な近代化のために、自由主義刑法も帝国主義刑法もほとんど同時に輸入されることになった。つまり、ヨーロッパ諸国では二百年ほどかけて形成された近代刑法が、わずか三十年やそこらで輸入されあわてて製造されたのである。しかもヨーロッパでは百年近くかかった、刑法での自由主義段階から帝国主義段階への移行が、きわめて短い期間におこなわれた。

学説史的には、二十世紀初頭、「学派の争い」としてきわめてクリアだった旧派刑法学と新派刑法学との対抗軸が、現在では、折衷の折衷の折衷というかたちで、客観主義も主観主義も対抗軸自体があいまいになっている。いまでは「純」客観主義派も、「純」主観主義派も存在しない状況になっている(14)。

しかしここで本当に問題なのは、自由主義段階をほとんど経ずして唐突に導入された、帝国主義的な「処罰福祉主義」という刑法の枠組みが、今日に至るまで受け入れられてきた理由である。端的にいってそれは、前章で述べたように、日本の「世間」が「共通の時間意識」に基づく「共感過剰シンドローム」の構造をもち、そこから、同じ「世間」のウチに生きると見なされる人間に対しては「ゆるし」を発動するという包摂の原理に、この福祉国家的な「処罰福祉主義」が親和的だったからである。

言い換えれば、制度的なものは近代化されたにもかかわらず、人的関係がきわめて古い「世間」のままだったために、犯罪と刑罰の関係では、犯罪行為に着目する「応報原理」といういわばドライな自由主義刑法より、行為者に着目し「ゆるし」を作動しうる「処罰福祉主義」といういわばウェットな帝国主義刑法のほうが、日本の「世間」という土壌に根づきやすかったということである。

つまり「ゆるす」ためには、刑法の犯罪類型や法定刑はなるべく裁量の余地が大きいほうがいい。裁量の余地が狭いと、「ゆるす」範囲が限定されるからである。すでに前章で簡単にふれたが、日本に特有の検察官の起訴便宜主義は、「まあ、ゆるしてやるか」という「ゆるし」の原理で運用されてきた。

刑事訴訟法二百四十八条には、「犯人の性格、年齢及び境遇、犯罪の軽重及び情状並びに犯罪後の情況により訴追を必要としないときは、公訴を提起しないことができる」とある。この規定は、「性格」「年齢」「境遇」「犯罪の軽重及び情状」「犯罪後の情況」といった犯罪者の個別の事情を、検察官は最大限考慮しなさいといっている。検察官はこれによって、被疑者が事件について真摯に反省し、心から謝罪し、改悛の情があると認める場合には、不起訴（起訴猶予）とすることができる。

これは日本に特有の制度だといったが、この制度に対立するものは「起訴法定主義」といって、検察官の起訴／不起訴の基準をあらかじめ法律で定めておき、検察官を法律で縛るものである。西欧ではこちらのほうが主流で、たとえばドイツの制度がそうである。現在のドイツではこの起訴法定主義はかなり緩和され、検察官の自由裁量の余地が増えたといわれるが、それでもこの原則は変えていない。変えないのは、この制度には恣意的な起訴／不起訴の決定など、検察官の訴追権の乱用を防ぐという意味があるからだ。

またアメリカの検察官は、被疑者を訴追するかどうかの権限を与えられているが、起訴しなかった場合に、その「拒否理由」を法定の分類に従って、司法省に報告しなければならない。さらにアメリカ法律協会の「訴追機能に関する諸基準」は、有罪の十分な証拠がある場合には、検察官は起訴すべきだとの前提条件で始まるそうだから、ある種の起訴法定主義をとっているといっていい(15)。

つまり、被疑者の起訴／不起訴は検察官のサジ加減次第という日本の起訴便宜主義は、ほかの西欧諸国の制度と比較すると、かなり特異な制度なのである。悪くいえば世界標準からかけ離れたガラパゴスの制度だし、よくいえば世界に誇れるクールジャパンだともいえる。

これを歴史的な沿革から見れば、起訴便宜主義は、一九二二年に成立した旧刑事訴訟法で初めて明文化されたが、それ以前にもじつは実務では広くおこなわれてきた。当初起訴便宜主義に基づく起訴猶予処分は、刑務所の満員状態を緩和し、国家予算の過大な負担を軽くする、つまり財政上の理由でおこなわれたという。

ところが一九〇〇年代の初めには、すでに起訴猶予を正当化する理由として、犯罪者の矯正と社会復帰を強調する方向に変わっていった。この背景には、自由主義段階の刑法に基づく起訴法定主義を主張する旧派刑法学に対して、帝国主義段階の「処罰福祉主義」に基づく牧野英一などの新派刑法学が、犯罪者には千差万別の事情があり、それを考慮しなければならないとして起訴便宜主義を主張し、新派が次第に優勢になっていったという事情がある(16)。

起訴便宜主義を採用した理由には、日本の刑事司法に通奏低音のように流れる「ゆるし」の原理を作動させるためには、なるべく裁量の余地の大きな制度のほうが使いやすいことがある。検察官が起訴／不起訴を決める際に法律に縛られる起訴法定主義は、「ゆるし」を発動する場合に、きわめて使いにくいのである。ダニエル・ハリントン・フットはこの日本の検察官の起訴便宜主義のはたらきを、特別予防・改善・社会復帰の原理に基づく比較的寛大な処分だとして、「寛大なパターナリズム」(Benevolent Paternalism) と呼んでいる。[17]

なお松尾浩也は、起訴便宜主義の江戸時代からの連続性を指摘し、それが一九二二年刑訴法で明文化されたことについて、「これは、幕府法の下で行われていた「内済」の考え方が、半世紀を経て表面化したものと見ることができる」[18]という。この見解によれば、「ゆるし」の原理は江戸時代にも存在していたことになり、きわめて伝統的なものであることがわかる。

しかしもちろんそれだけではない。前章で述べたように、「世間」は同時に、排除的な側面をもっている。「世間」は犯罪／犯罪者をケガレと見なし、「世間」のソトへと排除してきた。それは「世間」に「共通の時間意識」や「呪術性」という原理があるからである。河合は、中世以来日本の一般の人々は厳罰志向であり、それは日本の長い伝統だという。[19]「ゆるし」という包摂的側面とともに、このような「世間」の排除的側面も、日本で犯罪率の低さを支える犯罪抑止力になってきたことはたしかだといえる。

戦後の刑法の「民主化」でも、「皇室に対する罪」(七十三―七十六条、百三十一条) など若干の条文の削除はあったが、「処罰福祉主義」に基づくこの現行刑法の理念は無傷のまま維持された。それがドラスチックな波にさらされるのが、一九九〇年代末以降の「第二の開国」といわれる後期近代の時代への突入だった。では、この後期近代が意味するものとは何か。それを次に考えてみよう。

後期近代とはいったい何か

そもそも後期近代とはいったい何か。ヤングはいう、「一九六〇年代には逸脱にたいして無節操なほど寛容であった人々とまったく同じ人々が、九〇年代になると、今度はビクトリア朝の道徳読本の登場人物のように、逸脱にたいして不寛容になった」[20]と。

ヤングは二十世紀の終わりの三分の一の時代になって、近代から後期近代への移行があり、第二次世界大戦直後からの「同化と結合を基調とする」包摂型社会から、「分離と排除を基調とする」排除型社会へと移り変わったとみる。[21]そして、一九六〇年代以降ほとんどの先進工業国で犯罪発生率が上昇し始め、その後景気が後退するにつれてますます加速していったという。

この排除型社会へ移行した理由について、第一に、一九六〇年代から七〇年代にかけて、個人主義の台頭によって私的空間が拡大し、さらにコミュニティーが解体し、これが他者を排除することにつながったこと。第二に、八〇年代から九〇年代にかけて、労働市場の再編による失業者の構造的な増大と、それによって増加した犯罪を制御することで、他者の社会的排除がいっそう進行したためだという。[22]

しかも、犯罪発生率の増加は、一九六〇年代から七〇年代中葉の完全雇用が実現した時代に生じていて、これは「犯罪は劣悪な社会的条件から生じる」とする社会的実証主義では説明がつかない[23]とする。結局ヤングは、それは誰もが平等になるとそれまで以上に小さな差異が気になるという平等のパラドックス、すなわち「相対的剝奪感」にその理由があるとする。しかもこの「相対的剝奪感」が個人主義と結び付いたことで、「ホッブズ的無法地帯」を作り出したからだという。[24]

犯罪がとくに増加したのは、完全雇用が実現されていた時代から一九八〇年代の不況期だが、たとえばイングランド／ウェールズでは、九一年の犯罪率が五〇年のそれを二五パーセント上回っている。そして犯罪発生率の増加に対して、それまでの福祉国家的で「処罰福祉主義」的なさまざまな犯罪対策では効果がなく、「何をしても無駄」というスローガンさえ生まれたという。[25]

時代は福祉国家的な理念から新自由主義的な理念への転換期だった。この新自由主義を背景として登場したのが、「割れ窓理論」（Broken Windows Theory）や「ゼロ・トレランス・ポリシング（不寛容型警察活動）」（Zero Tolerance Policing）と呼ばれる「新行動主義」[26]の犯罪防止策である。

「割れ窓理論」は、ジェイムズ・ウィルソンとジョージ・ケリングによって一九八二年に提唱された。割れた窓ガラスが放置されているような場所では、縄張り意識が感じられないので、犯罪者が警戒心を抱くことなく気軽に立ち入ることができ、当事者意識も感じられないので、犯罪者は犯行を抑止されないだろうと思い、安心して犯罪に着手するというものである。

この理論によれば、地域社会での縄張り意識や当事者意識を高めるためには、落書きをすること、公共物を破壊すること、車内で騒ぎ立てること、街頭で乱暴な身振りをすること、強引に売りつけること、夜中に大きな音を出すこと、雑草を伸び放題にすることのような、その場所での秩序違反行為を放置しないでおくことが必要だという。

また「ゼロ・トレランス・ポリシング」とは、この「割れ窓理論」に基づき警察が中心になって、こうした秩序違反行為に容赦なく対応することによって、犯罪防止の効果をあげることを意味する。[27]

よーく考えてみると、犯罪抑止のために、「落書き」や「騒ぎ立てる」や「乱暴な身振り」や「大きな音を出す」や「雑草の放置」など、ただちに違法とはいえないようなささいな逸脱行為を、地域社会であらかじめ問題化するこれらの政策は、日本の「世間」で、町内会や自治会や防犯パトロールが日常的にやっていることとあまり変わらない。

前章で述べたように、「世間」にはさまざまな大小の集団に細かな非公式ルールがあるからである。だから「世間」は、警察など公権力の手によらずとも、とうの昔に「新行動主義」の犯罪防止策を自主的に実現しているといってもいい。

ともあれ大竹弘二によれば[28]、この防止策にあっては、犯罪統制の主な実践は、犯罪発生の確率が最小化するように、人々の行動パターンを規定するような環境デザインに見いだされることになる。またそれが対象にするのは、自由主義段階に現れた旧派的な犯罪行為でもないし、帝国主義段階に現れた新派的な犯罪者でもない。

そこで問題になるのは、ある環境で一定の確率で不可避的に生み出される偶然的偏差としての「犯罪という出来事」(the climinal event)[29]にすぎない。ガーランドはいう。ここでは犯罪行為や犯罪者に代わって「犯罪という出来事」に焦点が当てられる。犯罪の機会が与えられることや「犯罪がおきやすい状況」の存在が問題となる[30]、と。

つまりここでは、統計的な手法がとられることで、個々の犯罪者、要するに「処罰福祉主義」が対象にしたような矯正や、教育や、治療の対象になる犯罪者が消滅している。言い換えれば、犯罪者の個々の事情など、どうでもいいことになる。そこで犯罪がおきる確率だけが問題であり、そこできる犯罪をいかに抑止するかだけが問題になる。そうなると、犯罪者は矯正や教育を施されるべき対象ではなく、単に「応報的処罰の対象[31]」としてしか見なされなくなる。

「割れ窓理論」や「ゼロ・トレランス・ポリシング」に代表される厳罰化政策は、犯罪者の個々の事情をまったく斟酌しなくなる、つまり「福祉処罰主義」的な考え方の否定を意味する。ヤングが後期近代と呼んだ事態の本質は、まさにここにあった。では、日本でのこの後期近代への突入は、どのような刑事政策の転換をもたらしたのか。それが次の課題である。

2　一九九〇年代末の排除＝厳罰化はなぜおきたのか

ここからいよいよ、日本で一九九〇年代末に厳罰化がなぜおきたのかを、具体的な事件などを取り上げながら考えてみる。私の考えでは、それは新自由主義の浸透と拡大と、「世間」の「復活」との相乗効果によるものである。

後退する「処罰福祉主義」

以上のような後期近代での世界的な厳罰化の動きが、日本にも波及していく。日本では一九九〇年代初めに「バブルの崩壊」があり、その後の九〇年代末以降、厳罰化の傾向が顕著になっている。では、厳罰化は具体的にどのように生じたか。

まず、少年法の領域で厳罰化のきっかけになったのは、一九九七年の「神戸連続児童殺傷事件」である。この神戸の少年は十四歳であり、当時の少年法では検察官への送致年齢が十六歳だったために、家裁の審判で医療少年院送致になった。これに対して、「少年法は甘すぎる」という議論が「世間」で沸騰した。

この事件の衝撃を受けて、二〇〇〇年に検察官への送致年齢が、それまでの十六歳から十四歳に引き下げられるというきわめて重大な変更が加えられた。つまりおおむね中学二年で、家裁の保護処分ではなく、大人と同じように処罰することが可能になった。

また二〇〇七年には、それまで十四歳だった少年院送致できる年齢の下限が、「おおむね十二歳」まで引き下げられた。さらに一四年には、少年法の「刑罰が軽すぎる」「量刑の範囲が狭すぎる」との批判を受け、罪を犯した十八歳未満の少年に言い渡す有期刑（懲役・禁錮）の上限を、十五年から二十年に引き上げ、二十歳未満の不定期刑を「五年から十年」から「十年から十五年」に引き上げた。

世界史的には、十九世紀末から二十世紀初めに福祉国家的な「処罰福祉主義」のもとで、少年には処罰ではなく保護が必要であることが強調され、包摂的な保護主義が確立された。もっとも有名なものとしては、一九九九年にアメリカでイリノイ少年裁判所法が、少年を保護するために、成人の裁判所とは分離された特別の裁判所を設けた。つまり犯罪を犯した少年は、「未熟」であり「教育可能」だとして、処罰ではなく保護の対象になったのだ。

ここで少し注意しておかなければならない。少年を保護するということは、犯罪とはいえないささいな逸脱行為を犯した少年に対しても、公権力の介入を可能にするということである。この公権力の介入は、保護や教育が必要な子どもに対し国が親の代わりとなるという、パレンス・パトリエ（国親思想）の考えに基づいて正当化された。

戦後の日本の少年法も、そうした「処罰福祉主義」に基づく「保護主義」という基本線のうえにあった。[32]しかし一九九〇年代半ばぐらいから、深刻な「いじめ」事件や少年事件の発生をきっかけとして、たとえ子どもであっても重大な犯罪を犯した場合には、大人と同じ責任を負わせるべきだとする、排除的な「自己責任論」が台頭し始める。

この「自己責任論」によって、「処罰福祉主義」的な「保護主義」の考え方が「甘すぎる」として批判され、二〇〇〇年以降少年法がバタバタと改正され、十四歳の少年であっても、犯罪の重大性によっては大人と同様に処罰が可能になり、十四歳未満であっても、少年院送致が可能になったのである。この一連の厳罰化の動きは、保護主義に代表される少年法の「処罰福祉主義」が後退したことを意味する。[33]

次に、犯罪を犯した精神障害者の処遇についても、二〇〇一年におきた「大阪教育大付属池田小事件」をきっかけにして、「社会には危険な精神病者が徘徊し、そうした人間は処罰を受けることがなく、野放しにされている」という「世間」の非難が高まった。その結果、〇三年に当時の小泉純一郎政権によって、「再犯防止」という治安的観点をもった「心神喪失者等医療観察法」が成立した。

この歴史的ともいえる日本での保安処分制度の成立は、犯罪を犯した精神障害者に対して「処罰より医療を」という、それまでの包摂的な「処罰福祉主義」的枠組みを変更し、「危険な人間は処分する」という排除的な方向に、「世間」全体が舵を取り始めたことを意味する。ここでもまた、「処罰福祉主義」が明らかに後退し、「自己責任論」が席巻し始めたのである。[34]

またこの種の事件の場合に、犯人の劣悪な社会的・家庭的な環境が「世間」の同情と共感を得ることがこれまでしばしばあったが、「池田小事件」では被告人は単なる「人格障害」だとされ、犯罪者の個々の事情は切り捨てられる傾向が強まった。つまり「処罰福祉主義」的な包摂的観点が消滅していった。

さらに裁判実務でも、「八〇年代から現在にいたるまでに、ざっと見て量刑が倍になったとみなせるほど、刑期がどんどん長くなっている。これは、犯罪の内容自体が凶悪化したのではなく、同じような犯罪に対する量刑の相場が、従来に比べて厳しくなったからとされる[35]」と河合が指摘するように、量刑相場の変化という厳罰化の現象が生じている。

たしかに量刑という点で、二〇〇〇年ぐらいから死刑や無期懲役の判決が明らかに増加している。また法律上の厳罰化という点でも、〇〇年の少年法改正をはじめとして、このあたりから法律改正のラッシュが続いている。

具体的にいえば、二〇〇一年の刑法改正で危険運転致死傷罪が新設され、それまで業務上過失致死傷罪で罰せられていた行為の一部が、故意犯として、致死で一年以上の有期懲役、致傷で十年以下（〇五年から十五年以下）の懲役として、さらに重い刑罰を科せられるようになった。

二〇〇五年の刑法改正では、併合罪などで加重された場合に、有期懲役・禁錮の上限が二十年から三十年へ大幅に引き上げられ、さらに強制わいせつ罪、強姦罪、傷害罪などの法定刑が引き上げられた。この改正は、単に部分的な変更ではなく、実質的にほとんど全面改正といえるような、きわめて大きな変更だった。〇七年には業務上過失致死傷罪より重い自動車運転過失致死傷罪が新設され、一〇年には、殺人事件などの重大犯罪についての時効廃止を内容とする刑事訴訟法改正がおこなわれた。

こうした時代を画するような大規模な刑法などの改正を促したのは、一九九〇年代以降の一連の犯罪被害者家族の運動の展開であり、それに対する「世間」の同情と共感の拡大である。とくに二〇〇一年の危険運転致死傷罪の新設は、一九九九年の東名自動車道での交通事故で二人の子どもを失った遺族などの署名活動やメディアの報道、それに対する「世間」の圧倒的支持によるものだった。

さらに犯罪被害者の問題をめぐっては、二〇〇五年に犯罪被害者基本法が施行される。また〇八年には、犯罪被害者の公判への出席、検察官の権限行使に意見を述べること、証人や被告人への質問など、裁判に被害者が直接関わることが可能になった。さらにこの年には、少年法改正によって、殺人など重大な事件で、被害者家族の審判傍聴を認め、裁判所書記官から審判の状況の説明を受けられるようになった。

とくに二〇一〇年の時効廃止を内容とする刑事訴訟法改正は、「逃げ得を許していいのか」という合言葉のもと、被害者家族の運動の展開と「世間」の支持の結果成立したものである。この改正は民主党政権のもとでなされたが、そのわずか五年前の〇五年に、殺人事件の時効がそれまでの十五年から二十五年に延長されていたにもかかわらず、しかも約四週間という異例に短い国会審議しかなされずに成立した。

また、十五年前におきた個別の事件に適用するために、国会で可決・成立したその日のうちに施行するという、これまた異例の経過をたどった。さらにこの法改正には、施行されたその時点で時効が完成していない犯罪にも適用されるという、とんでもないオマケがついていた。

これは明らかに憲法三十九条の「刑罰不遡及の原則」、つまり刑罰法規が成立しても成立以前の行為には適用されないという、近代刑法の大原則に反するものだ。当時、日本弁護士連合会や多くの学者が反対していたにもかかわらず、こんなムチャクチャな法案があっという間に国会を通ったのは、時効廃止を訴える犯罪被害者家族を支持する、圧倒的な「世間」の空気があったからである。

前章で述べたように、日本では空気がある方向に醸成されると、それが強力な権力として作動し、根拠がないどんなに非合理で非理性的な内容であっても、有無をいわせないような大きなチカラをもつ。空気には誰も逆らえないのだ。当時支持率の下落が止まらず人気が落ちていた民主党政権に、「世間」の空気に逆らうような選択肢は存在しなかった。

貧乏なのは働かないお前が悪い

ともあれ、こうした「処罰福祉主義」の後退と厳罰化の背景には、とりわけ一九九〇年代初めの「社会主義の崩壊」による、アメリカ型グローバル資本主義の全面化、すなわち全世界的な新自由主義の台頭があった。これは日本にとって明治期に続く大きな外圧としての「第二の開国」と呼ばれるものである。

すでに一九九四年には経済同友会の「現代日本社会の病理と処方――個人を活かす社会の実現に向けて」で、新自由主義に基づく規制緩和や構造改革の必要性が強調され、それにともなって生じるさまざまな紛争や軋轢を解決するための司法制度改革が提案されていく[36]。

日本ではこの新自由主義の浸透と拡大によって、職場に成果主義が導入され、一九九七年ごろには年功序列制や終身雇用制の日本型雇用が崩壊したとされる。その後も、とくに二〇〇一年の小泉政権の誕生によって、規制緩和や構造改革が叫ばれ、「貧乏なのは働かないお前が悪い」という「自己責任」が強調されるようになった。

それを象徴するように、小泉政権下の二〇〇四年「イラク人質事件」では、人質家族が「世間」に「ご迷惑をおかけしました」と謝罪しなかったために、「自己責任論」に基づくバッシングがおきた。

この事件では当初、犯罪被害者としての人質家族に向けられていた同情と共感が、家族が「世間」に謝罪しなかったことによって、「迷惑をかけられた」政府関係者への同情と共感に反転し、政府の「自己責任論」に基づく人質批判をきっかけとして、日本中を巻き込む大バッシングとなった[37]。

イラクでの人質事件は、お隣の韓国を含めて多くの国でおきているが、このようなバッシングが生じたのは日本だけだった。当のアメリカのコリン・パウエル国務長官にさえ、「危険を冒したおまえが悪いということにはならない。彼らを無事に救出する義務がわれわれにはある[38]」などといわれる始末なのだ。

このバッシングは、日本全体が一体的な「世間」になった典型的ケースだが、こうしたコトがおきるのは、「世間」に「共通の時間意識」があり、個人が存在しないことで自他の区別がされず、主客が容易に溶け合うことで、対象に過剰に同情し共感する「共感過剰シンドローム」の状態になるからだ。

この点に関して、新聞で面白い記事を見つけた。クルム伊達公子が、テニスの試合中に日本人の観客のため息にキレた話である。

「もう、ため息ばっかり！」

九月二十四日。東レパンパシフィックオープン会場の東京・有明コロシアムに、クルム伊達の叫びが響き渡った。全米オープン優勝経験もあるサマンサ・ストーサー（豪）との二回戦。第二セット、大事なタイブレークでダブル・フォールトし、「あー」という声が広がった時だ。
敗戦後の記者会見でクルム伊達は、海外では「Ｏｈ」という声が多いとした上で、「ため息はポジティブ（肯定的）ではなく、ネガティブ（否定的）に取られる。重苦しい雰囲気で、エネルギーを吸い取られてしまう。『Ｏｈ』と『あー』では受け止め方が違う」と話した。(39)

それこそため息が出そうな話だが、これは単に日本の「あー」と海外の「Ｏｈ」という言葉の違いの問題ではない。どんなところでも日本人は、集団になったときに「共通の時間意識」が作動し、こうした「あー」という抜群の共感能力を発揮することが問題なのだ。これが典型的な「共感過剰シンドローム」である。この感情が反転すると、バッシングをひきおこすことになる。薄気味が悪いといえばそうもいえるが、近頃人気の「絆」も、べつに無理やり求めたりしなくとも、日本人には所与のものなのだ。

外国でこうしたバッシングが考えられないのは、いうまでもなく「世間」がないからである。この人質事件でやたらに使われた言葉は、「自己責任」という、西欧から輸入された最先端の新自由主義に基づくものだったが、生じたことは、日本の「世間」に伝統的な「村八分」的な排除であった。

人を殺した者は、命をもって償うべきだ

西欧社会で厳罰化を推進したのが、あとで説明するが、「ペナル・ポピュリズム」(penal populism)といわれるものである。ほかの国と同様に、日本での厳罰化は被害者運動とのつながりで、このペナル・ポピュリズムをともなって生じた。

たとえば一九九九年四月十四日におきた「山口県光市母子殺人事件」は、当時十八歳になったばかりの少年が二十二歳の母親と十一カ月の女児を殺害したというものである。少年には二〇〇〇年に一審の山口地裁で無期懲役の判決が言い渡された。これは通例の少年事件であれば、それまでの量刑相場からいって、ほぼ妥当といえるものだった。

しかしこの事件では、被害者の夫がメディアを通じて、「人を殺した者は、命をもって償うべき

だ」と、加害少年の厳しい処罰を求め、テレビのワイドショーなどの集中豪雨的な報道もあって、「世間」の圧倒的支持を得た。つまり被害者家族への圧倒的な同情と共感の空気が醸成されていった。

無期懲役の地裁判決に対して検察側が死刑を求めて控訴。が、二〇〇二年に広島高裁は控訴を棄却した。さらに検察側は上告し、最高裁は〇六年に弁護側の反対を押し切って弁論をおこない、死刑を選択しない特別の斟酌すべき事情がない場合は死刑を回避すべきではないとして、同年原判決を破棄し、広島高裁に事件を差し戻した（最高裁第三小法廷二〇〇六年〔平成十八年〕六月二十日判決）。いうまでもないが、高裁への差し戻しは、最高裁が「世間」の空気を読んだ結果である。

この間、差し戻し審を担当した弁護士たちが、メディアにモンスターを弁護する「社会の敵」として描かれた。当時テレビのコメンテーターであり、のちに大阪府知事さらに大阪市長になる橋下徹弁護士は、出演していたテレビ番組で視聴者に対して、少年の弁護士たちの懲戒請求を示唆する発言をおこなった。

この呼びかけに応じて、実際に多数の視聴者によって弁護士会への懲戒請求がおこなわれ、担当した弁護士たちは大きな社会的ダメージを受けた。とくに弁護側が弁護方針として、一・二審で認めた殺害や強姦の事実を、差し戻し審で一部否定したために、「世間」の非難が集中し、弁護士事務所に銃弾が届くような事態になった。

こうした「世間」の空気を背景として二〇〇八年に広島高裁は、原判決を破棄し、少年に死刑を言い渡した（広島高裁二〇〇八年〔平成二十年〕四月二十二日判決(40)）。判決が下されたときに、裁判所前で待っていた関係者から拍手と歓声がおきたという。浜井はこれこそ「刑罰のポピュリズム化」[41]の象徴であるという。このことは、裁判所も「世間」の空気には逆らえないことを如実に示している。この判決は、一二年に最高裁で確定した。

もう一つ、二〇〇六年八月二十五日におきた「福岡三児事故死事件」をあげておこう。この事件では、男性（二十二歳）が、飲酒して橋の上をクルマで走行中に前方のクルマに追突した結果、追突されたクルマが橋から海に落ちて、乗っていた幼児三人が死亡したものである。

被告は、危険運転致死傷罪と道路交通法違反で起訴された。男性が当時福岡市の職員であり、かなり酔っていたうえに、事故後に現場から逃走したり、大量の水を飲んで警察のアルコール検知をごまかそうとするなど、かなり悪質だった。また、何の落ち度もない三人の幼児が死亡したために、「世間」の加害者への強い非難、被害者家族への同情と共感が広まった。

私はたまたま福岡市の事故現場の近所に住んでいるが、事件がおきたあとのメディアの論調や「世間」の空気の異様さには、ひどくイヤな感じがしたのを覚えている。ほとんどそれは、「世間」による男性への「村八分」的バッシングの様相を呈していた。

裁判で検察側は懲役二十五年を求刑したが、二〇〇八年に福岡地裁は、「被告人がアルコールの影響により正常な運転が困難な状態にあったと認めることはできない」として、危険運転致死傷罪を適用せず、過失を認定したうえで懲役七年六カ月の判決を下した（福岡地裁二〇〇八年〔平成二十年〕一月八日判決）。

ところがテレビなどメディアは、危険運転致死傷罪を適用しなかったことについて非難に終始した。新聞もまた見出しで「「危険運転」認定せず」「両親の思い届かず(42)」と書き、週刊誌も「溜息に包まれた法廷」「裁判官の恐るべき常識(43)」という見出しで判決を言い渡した裁判官の名前をあげて非難した。

メディアはいつも「世間」の意を反映して、それを先取りするような報道をおこなう。視聴率というかたちで、番組内容への「世間」の共感を得る必要があるからだ。つまり、「世間」の空気に反するような番組を作ることはできない。そういう番組は、先に述べた山本がいう「抗空気罪」にふれるのだ。このときに「世間」は、被害者家族への同情と共感から、真摯に反省しているようには見えない被告人を厳罰に処すことを要求し、より重い危険運転致死傷罪の適用を裁判所に圧倒的に期待した。

光市の事件で見たように、裁判所もまた「世間」の空気に「公正中立」ではありえない。二〇〇九年に福岡高裁は、被告人が「アルコールの影響で正常な運転が困難な状態」だったとして、驚くべきことに、まったく同じ証拠から一審とは真逆の事実認定をし、故意を認めたうえで危険運転致死傷罪を適用し、被告人に懲役二十年を言い渡した（福岡高裁二〇〇九年〔平成二十一年〕五月十五日判決）。この判決は一一年に最高裁で確定している。

このように判決が極端から極端に揺れ動くということの問題の本質は、単に法の不備にあるのではない。端的にいってそれは、「人の死」という結果の重大性は同じなのに、殺人罪（「死刑又は無期若しくは五年以上の懲役」）の刑罰の重さと比較して、「うっかり殺す」という過失致死罪（「五十万円以下の罰金」）や業務上過失致死傷罪（「五年以下の懲役若しくは禁錮又は百万円以下の罰金」）の法定刑がきわめて軽い点にある（〇七年に新設された自動車運転過失致死傷罪でも、「七年以下の懲役若しくは禁錮又は百万円以下の罰金」である）。それで「世間」は、危険運転致死傷罪の適用を要求したのだ。

危険運転致死傷罪は、もともと故意（わざとやる）の犯罪である殺人罪と、過失（うっかりではあるが、落ち度がある）の犯罪である過失致死・業務上過失致死傷罪との間で、法定刑の差があまりにありすぎるので、犯罪被害者家族の運動による厳罰化要求に応えるために、前に述べたように、二〇〇一年の刑法改正でドロ縄式に新設されたものである。

この法律の条文には犯罪の構成要件として、「アルコール又は薬物の影響により正常な運転が困難な状態で自動車を走行させ」人を死傷させた、と書いてある。じつは、この犯罪類型が過失犯ではなく故意犯であるために、故意を認定する際の「適用基準の不明確さ」、つまりどの程度酔っていれば法が適用されるのかが不明確である、という大問題が残った。新設当時から、もともと相当に無理がある、いわくつきの法律だったのだ。

では「人の死」という結果は同じなのに、故意の殺人罪と比較して、過失犯罪がこれほど軽く処罰されるのはいったいなぜか。面白いことに、近代以前のヨーロッパの刑法では「結果責任」といって、その行為が故意だろうが過失だろうが、「人の死」ということだけが問題だったのである。だからナイフで「わざと」刺し殺した場合も、馬車で「うっかり」人をひき殺した場合も、刑罰に差はなかった。「意思責任」をとる近代刑法のように、犯人の意思や内面が考慮されなかったからだ。

じつは、近代刑法が過失致死罪をベラボーに軽くしたのは、澤登佳人がいうように(44)、近代以降資本主義が全面展開し、鉄道やクルマなど産業交通が急速に発達したが、クルマを運転し人をひき殺して島流しや死罪では、誰もクルマを運転しなくなるからである。誰もクルマを運転しなくなれば、資本主義経済そのものが成り立たない。

ヨーロッパでは、近代に至り人間の内面を発見することで、「結果責任」を否定し「意思責任」を採用した近代刑法は、故意と違って「わざと」ではないから悪質ではない、というもっともらしい理屈をつけて、過失による犯罪を故意による犯罪より軽く処罰することにしたのだ。

ふつうに考えれば、近代刑法のほうがなんとなく合理的で「高級」なような気がするかもしれない。だが、虚心坦懐に考えればそれは近代人の驕りというものであって、近代刑法とはその歴史を見れば、資本主義の発展に都合がいいように「解釈」されてきたといえる。

「復活」する「世間」と厳罰化

以上で述べたように、「世間」には犯罪者をケガレとしてソトへ排除する排除的側面と、真摯に反省し謝罪する犯罪者をゆるす包摂的側面がある。「世間」はソトへの排除とウチでの「ゆるし」という、この二つの側面を巧妙に使い分けることによって、西欧社会にみられない治安のよさや犯罪率の低さを維持してきた。

戦後から現在まで日本の治安が決して悪化していないことは、多くの研究者によって指摘されている。たとえば浜井とエリスによれば、暗数が少ない殺人の発生件数でみると、一九五〇年代以降一貫して減少傾向にある。殺人事件の検挙率も九五パーセント水準を維持している。また暴力犯罪など比較的軽微な事件も同様の傾向にある。[45]暴力犯罪の統計では、九〇年代後半以降多少のデコボコがあって増加傾向が認められるが、それは警察の統計のとり方の変化によるものだとの説もあり、必ずしも現実を反映していない。

とすれば、ヤングが「日本を除けば」と不思議がっているように、戦後この低犯罪率が維持されてきたにもかかわらず、一九九〇年代末に日本で厳罰化が生じたのはいったいなぜか。

もちろん一般にいわれるように、「治安が悪化している」という、事実に基づかないメディアの報道などによって、人々の「体感治安」が悪化したというのが一つの理由である。たとえばこの「体感治安」の悪化を背景とし、二〇〇一年の池田小事件に後押しされて、〇二年に大阪府で「安全なまちづくり条例」が制定され、この生活安全条例が全国に拡大する。

それは新自由主義の「自己責任論」の台頭を背景として、「自分たちの街は自分たちで守ろう」という「防犯の自己責任化」を表している。そして、警察とボランティア住民の連帯が必要だとする呼びかけに、住民たちが防犯パトロールに大挙して参加し始めたのである。[46]

また、前に述べた「割れ窓理論」に基づき、全国の小学校では「地域安全マップ」作りがおこなわれ、子どもたちは周辺地区のフィールドワークを通じて、その地域で不審者が潜む「危険な場所」を学習するようになった。マップの作成は、大人たちを含む参加者の防犯意識を高め、地域コミュニティーの再生にもつながる。

しかもその成果として、関わった人間が、文化祭やスポーツと同じように、「全員が感動できる」達成感を得ることができるという。つまり、もともと自他の区別がされにくく「共感過剰シンドローム」に支配されやすい「世間」は、「感動」を得てコミュニティーの団結を強めることができるということだ。ここでは、ウチとソトを厳格に区別し、ソトの人間を「あかの他人」として排除する排他的な原理をもつ「世間」が動員され、不審者を排除しようとしている。(47)

しかしそれだけではない。一九九〇年代末以降、治安が悪化していないにもかかわらず、このように「世間」の排除的側面が露出してきた大きな理由は、individualたる「強い個人」を前提とする新自由主義の台頭によって、それとは相いれない「みんな同じ」原理をもつ「世間」が、あたかも花粉症やぜんそくで外部からの異物の侵入に対し免疫反応＝拒絶反応をおこすように、それまで後景にあった「世間」が前景に「復活」し、その抑圧性が強まっているためである。

生体には生命を維持するために、病原菌などの外部の異物を排除しようとする免疫力が備わっている。これが花粉症やぜんそくでは、鼻水や咳などの「息苦しい」という症状で表れる。また臓器移植でも、移植された他人の臓器を異物と判断し、高熱や移植された臓器の壊死などの拒絶反応が表れる。

「世間」はいわば一種の生物体として、ソトから入ってきた「強い個人」を要求する新自由主義を異物と見なし、それをソトに排除しようとする免疫反応＝拒絶反応をおこしているのだ。その結果が、「世間」のルールの肥大化や同調圧力の強化、すなわち「世間」の「復活」である。

「強い個人」の存在を前提とする新自由主義は成果主義や競争的環境を要求するが、それは、個人がいない「世間」に対して無理難題を押し付けることになる。新井千暁がいうように、「ストレートにいえば、昨日まで儒教思想が重んじられる年功序列社会で働いていた日本人が、欧米社会で育った成果主導型社会にある日突然乗り換えようとチャレンジしている[48]」ということになる。職場ではうつ病が急増し、「世間」はかぎりなく深刻なストレスをため込んでいくことになる。その結果、ストレスのはけ口として、ウチに存在する異質なもののソトへの排除に向かったのだ。

もともと「世間」はウチとソトを厳格に区別し、ソトの人間は「あかの他人」としてあからさまに排除する。近年の「世間」のぜんそくや花粉症のような「息苦しさ」の理由は、ここにある[49]。それが、光市の事件に示されているように、一種のポピュリズムをともなって、「世間」の厳罰化要求として表れているのである。

浜井とエリスは、厳罰化を招いた西欧社会のペナル・ポピュリズムとは、「法と秩序」の強化を求める市民グループ、犯罪被害者の権利を主張する活動家やメディアが、一般市民の代弁者となり、政府の刑事政策に強い影響力をもつようになり、司法官僚や刑事司法研究者の意見が尊重されなくなる現象だとする。しかも、犯罪と刑罰をめぐる議論で、社会科学での研究成果より、常識や逸話のほうが重視されるようになり、人々が、複雑な問題に対して、わかりやすく常識的な言葉で語る者への信頼感を高めていくという[50]。

そのうえで、光市の事件をめぐる一連の事態に代表されるような日本でのペナル・ポピュリズムが、現象面では西欧社会のものと共通性があるものの、西欧社会とは異なり、司法官僚たる検察官の抵抗をほとんど受けずに進行しているのは、「日本の国民性として、官僚もいわゆる「空気を読む」傾向が強いことに加えて、検察官もそれを望んでいるからにほかならない[51]」と興味深い指摘をおこなっている。

「空気を読む」とは、ＫＹといわれないように、まさに「世間」の「空気」を読んでいるという意味だろう。運動に関わる市民の側も、検察官の権限の縮小を望んでいるわけではなく、「お上」が「空気を読んで」行動することを期待している。この点では、日本の「世間」は、西欧のように確固たる主体として、国家の機関に介入しそれをコントロールしようとするのではなく、青木がいうように、依然として「大岡裁き」を期待していると考えられる。[52]

さらに岡本薫は、アメリカ映画のヒーローたちは「民衆」から出てリーダーになっていく者が多いが、日本のヒーローたち、水戸黄門、大岡越前などのように、権力者が民衆の苦衷を理解して、最後は「権力」で正義を実現してくれるという。[53]

つまり日本の「世間」では、正義の実現は水戸黄門や大岡越前のような「お上」が一気になすべきことであって、西欧社会のような地道な民主主義的手続きは必要ない。日本の厳罰化とは、この「世間」と「お上」としての司法官僚である検察官の、空気を介した相互作用がもたらしたものだといえる。ここには個人が厳然と存在する西欧社会のあり方と、個人が存在せず、空気の支配に流されやすい日本の「世間」のあり方の違いが表れている。

一九九〇年代末以降の日本での後期近代への突入、つまり新自由主義の浸透と拡大による「世間」の「復活」という現象は、ＮＨＫ放送文化研究所による調査結果にはっきりと表れている。

図2を見てほしい。これは、日本人の意識構造の時代ごとの変化を追ったものである。左方向が「伝統志向」で、右方向が「伝統離脱」だ。一九七三年以降九八年までは、一貫して「伝統離脱」

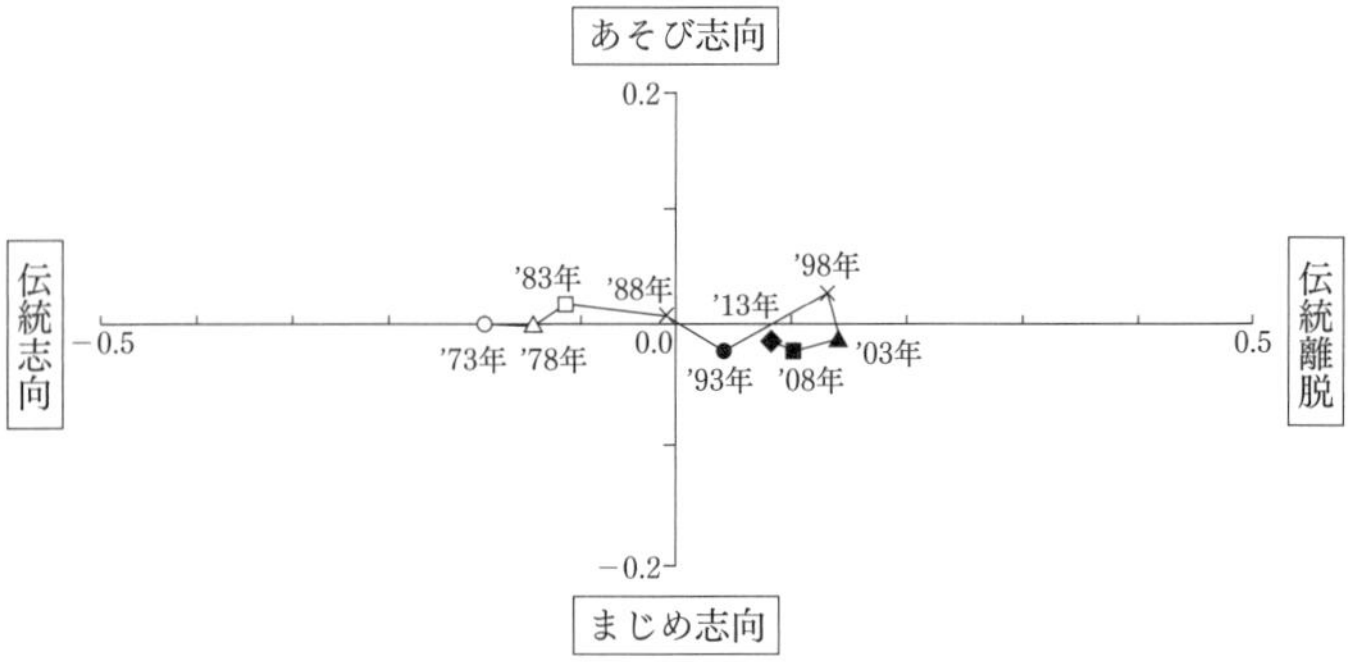

図2　日本人の意識構造の変容
(出典：ＮＨＫ放送文化研究所編『現代日本人の意識構造 第8版』〔ＮＨＫブックス〕、ＮＨＫ出版、2015年、239ページ)

の方向を向いていた日本人の意識が、九八年から二〇〇三年の間には動きが鈍り、〇三年から〇八年の間に完全に逆転して「伝統志向」に変わり、その傾向は〇八年から一三年の間には強まっている。しかもこの調査では、若い世代ほど「伝統志向」が強いという。このことは、一九九八年から二〇〇三年あたりを境として、日本人のいわゆる「保守化」が始まっていることを示している。(54)

土井は、このＮＨＫの調査などから、二〇〇三年あたりから日本人の意識が伝統離脱から伝統志向に変わる反転現象がおき、前近代的な意識が前面にせり出し、若者たちの世界でも、人間関係を円滑にするためにまめにプレゼントをしたり、あの世や来世やパワースポットを信じる人間が多くなっていることを指摘する。

そして近年、経済状況がどんどん悪化しているにもかかわらず、とくに二〇〇〇年あたりから少年犯罪が減少している理由について、「人生とは自らが努力によって切り拓いていくものではなく、むしろ自分の力の及ばないところで決まっているという感覚」、すなわち「宿命主義」とでもいうべき人生観が広がっているためだという。[55]

土井が指摘した、若者のあの世や来世やパワースポットへの興味という伝統志向にせよ、運命決定論的な「宿命主義」にせよ、突然登場したものではなく、すべてもともと「世間」がもっていたものである。すなわち、伝統的な「世間」には「呪術性」という原理があって、俗信・迷信の類いがきわめて多い。これが若者の間で、神秘的なものへの興味として「復活」しているのだ。

また「世間」では、第１章でふれたように、「みんな同じ」時間を生きていると考える「共通の時間意識」があり、「出る杭は打たれる」ために、個人の主張を自己抑制した結果としての、「しかたがない」という諦念の感情がきわめて強い。これが運命決定論的な「宿命主義」として、若者の間に広がっている。一九九〇年代末以降、「世間」が「復活」してきたために、こうした伝統回帰という逆転現象が生じたのである。

一九九〇年代末というこの時期について、山田昌弘は九八年に歴史的転換が生じたとして、「日本社会において、希望がなくなる、つまり、努力が報われる見通しを人々がもてなくなりはじめたのが、一九九八年だと私は判断している。これを、一九九八年問題と呼ぶことにしたい[56]」という。たしかに一九九八年には日本の実質ＧＤＰ（国内総生産）成長率がマイナス一パーセントになり、二万二千人前後を維持していた年間自殺者数が、突如三万人を超える。年功序列、終身雇用の日本型経営は九七年あたりに崩壊し、フリーターの数が九九年に急増している。

また家族をめぐっては、離婚、できちゃった婚、児童虐待、不登校の増加傾向に拍車がかかるのもこのころである。さらに厳罰化のきっかけになった二〇〇一年の「池田小事件」のような、二十代三十代の男性がひきおこすヤケクソ型犯罪が目立ってくるのも、この時期である。「世間」の根底を脅かすような、さまざまな変化が人々を襲っていたのだ。

以上のように、西欧の先進産業国のように犯罪発生率の上昇がなかったにもかかわらず、一九九〇年代末以降日本で厳罰化が生じたのは、後期近代への突入、すなわち新自由主義の浸透と拡大によって、「世間」がこれを異物と見なして、ぜんそくや花粉症のような免疫反応＝拒絶反応をおこし、伝統的な「世間」が「復活」し、「世間」がもともともっていた排除的側面が露出したからにほかならない。後期近代への突入によって、「世間」のような伝統的共同体が解体し、日本が包摂型社会から排除型社会へ移行したわけではないのである。

3 「世間」の「復活」と「新しいファシズム」

日本では「すみません」という言葉がやたらと多用されるが、それは「世間」があるからで、加害者家族が公に謝罪を強いられるのもそのためである。また、「世間」の巨大さ・強固さ・執拗さが、天皇制に象徴される「新しいファシズム」の土壌になっていることも考えてみたい。

「すみません」の不思議さ

日本では企業が不祥事をおこしたり、自分の家族が犯罪で逮捕されたような場合に、たとえ企業や家族に明確な法的責任がなくても、ただちに「世間」への謝罪を強いられる。しかも一九九〇年代末以降の「世間」の「復活」によって、「世間」の排除的側面が露出し、厳罰化を背景にして、企業や家族に謝罪を強いる「世間」の同調圧力が強まっている。

もともと日本では、「すみません」という謝罪の言葉が、人間関係を円滑にするために多用される。もちろんふつうに謝罪する場合にも使われるが、自分に非がなく、本来謝罪しなくてもいいような場面でも、時候の挨拶のように使われる。「すみません。それ取ってください」というような場合がそうである。こうしたことは、ふだんはべつに気にならないが、いったん立ち止まってよーく考えてみると、かなり奇妙な習慣であることがわかる。

『「すみません」の国』という本を書いた榎本博明は、次のようにいう。

日本的感覚からすれば、何かあったときには、とりあえずは謝った方がいい。そうした方が、その「場」の雰囲気が和やかになって、ものごとがスムーズに運ぶ。（略）「すみません」で良好な雰囲気の「場」ができあがると、それを壊すような態度はとりにくくなり、「いえいえ」と言わざるを得ない空気が醸し出される。そして「いえいえ」と言うことでさらに良好な雰囲気が強化される。(57)

何かあったときに日本人は、「場の空気」を壊さないように「すみません」を多用するのだと榎本はいう。そしてそれは、「相手の立場に自分を置き換えて、相手の気持ちに共感できてしまう(58)」

からであり、「「共感性が高い」のが、日本文化の大きな特徴のひとつといってよい」[59]からだとする。

何度か述べたように、「世間」には、「共通の時間意識」から派生する「共感過剰シンドローム」がある。そのため、人間関係で「場の空気」を壊さないことが求められる。KYという言葉は、この「場の空気」を壊すなよという意味なのである。だから日本では、「すみません」という謝罪の言葉が、法的に責任があろうがなかろうが、ただちに発せられなければならない。

ところが社会が人的関係の構成原理になっている西欧では、個人や企業が不祥事をおこしたようなときでも、釈明はするがめったに謝罪しない。謝罪は、法的責任を認めることを意味するからである。

たとえば、交通事故をおこして誰かにケガをさせたような場合、自分に法律上の責任があろうがなかろうが、日本ではただちに「すみません」という謝罪が求められる。そうしなければ、相手との関係で形成される「場の空気」を壊すことになるからである。「場の空気」が壊されれば、その後の示談交渉もスムーズに進まなくなる。

ところがアメリカでは、「すみません」、つまり「アイムソーリー」と言った時点で、すでに全面的に過失を認めたことになる。アメリカの保険会社は、自動車の賠償責任保険に加入するドライバーとの契約書に、「事故現場では自分はどう考えるかコメントしない」という条項を盛り込んでいるという。現場で謝罪すれば、百パーセントの責任を問われかねないからである。

とはいえ、アメリカ人だって、どうしてもすぐに謝罪しなければならないときだってあるだろう。そのため、カリフォルニア州をはじめとして多くの州では、病院で患者が死亡した際に、医師が患者の家族などに、「手は尽くしたが力が及ばなかった。お気の毒です。アイムソーリー」と言っても医療過誤訴訟の証拠にはしないという、「アイムソーリー法」を制定しているという。ちょっと他人にモノを頼むようなときにも「すみません」を使う日本人からすれば、およそ考えられないような話だ(60)。

日本では当事者間ですでに決着がついているような問題でも、当然のように「世間」への謝罪を強いられる。なぜなら「世間を騒がせた」からである。

たとえば二〇一三年に、元サッカー日本代表の前園真聖さんは、酒に酔ってタクシー運転手に暴行を加えたとして現行犯逮捕され、翌日に釈放された。その後事務所を通じて被害者との示談が成立したことを報告したうえで、釈放されたその日のうちに、ただちに都内で謝罪会見を開いている。

この問題は、被害者との間に示談が成立し、逮捕されたがすぐに釈放されているから、当事者間ではすでに決着がついている。つまり被害者には謝罪し、被害者も示談というかたちでそれを受け入れている。しかしそうであったとしても、日本では、明らかに当事者とはいえない「世間」に対して、ただちに謝罪しなければならない。

西欧で企業も個人もめったに謝罪しないのは、それが法的責任を認めることになるからである。前に述べたように、西欧社会は契約や権利といった法のルールに支配されている。法のルールに支配されているのは、社会で紛争がおきたときの調整原理がそれしかないからだ。そのため、法のルールが支配する西欧社会では、原則としてそのルールに反した場合だけ謝罪すればいい。

ところが「世間」が支配する日本では、法のルールがはたらく前に、「世間」を構成する原理となっているのは「世間」のルールである。個人や企業のさまざまな不祥事は法のルールに反する以前に、「世間」のルールに反する行為であることになる。

そのために、法のルールに反していないとしても、「世間」のルールに反したとして謝罪が求められる。現に前園元代表も、被害者との示談もすみ、法のルール上は当事者間で決着がついていたにもかかわらず、ただちに「世間」に謝罪することを強いられた。

では、とりあえず何の関係もない「世間」の側が、「世間を騒がせた」から「世間」への謝罪が必要であると考える理由は何か。それは、前園元代表の不祥事によって、それまでの彼に対する好意的な感情が、反転して「裏切られた」「失望した」という感情に変わるからである。

つまり「世間」には「共感過剰シンドローム」があり、メディアに登場する対象へ過剰に感情移入し、過剰に同調する傾向がきわめて強い。メディアで報道されると、背中に矢が突き刺さったままの「矢ガモ」や、崖に登ったまま降りられなくなった「崖っぷち犬」にまで、「世間」の同情が集まったりする。

そのため、過剰に感情移入した相手が不祥事をおこしたときには、反転して「裏切られた」「失望した」という感情が、その相手を非難する方向に向かうことになる。前に述べた國母選手への「品格問題」での大バッシングは、その典型である。ここでは「世間」の共同感情が「裏切られた」「失望した」という不安定な状態になる。これが「世間を騒がせた」という状態である。

それを解消し、「世間」の共同感情を安定化させるために、謝罪が要求される。真摯な謝罪があれば、共同感情が安定し、謝罪を受け入れることになる。つまり謝罪は、「世間」から排除されそうになった者が、「世間」から「ゆるし」を得て、「世間」に再包摂されることを意味する。同時に、「世間」にとっては、不祥事によって傷つけられた共同感情を元に戻し、壊された秩序を回復させる行為となる。

これは、前に述べたように、中世ヨーロッパの処罰と同じ意味をもっている。そこでは共同体の秩序を回復させるために犯人の処罰がおこなわれたが、「世間」に対する謝罪も同じである。日本は一応近代国家なのだが、ここにも、近代以前のきわめて古い感情が強固かつ執拗に残っていることがわかる。

さらに謝罪が一種の儀式や形式に見えるのは、「世間」のなかに「呪術性」というルールがあり、謝罪の場には神が存在するからである。つまり謝罪は「世間」に向けられているが、同時に神に向けられた宗教的儀式でもある。「多神教」であるから、神はどの神でもいい。この意味で謝罪の言葉は、たとえそれが形式的なものであっても、一種の言霊として呪力をもっている。

そのため、謝罪を受け入れない場合には、それを受け入れるよう「世間」からの同調圧力がかかる。二〇〇三年に元ハンセン病患者がホテルに宿泊拒否された「熊本県元ハンセン病患者宿泊拒否事件」では、会社の責任を明確にしないホテル側の謝罪を国立療養所の元患者が拒否したところ、謝罪を受け入れなかったことを非難する内容の電話や手紙が施設に殺到した。謝罪を受け入れないことは、「世間」の「呪術性」のルールを無視することになるからだ。

また「謝罪の最終兵器」ともいうべき土下座が、近年氾濫している。土下座が企業の不祥事のようなときだけではなく、個人間でのちょっとした仕事上のトラブルでも、かなり頻繁に使われるようになっている。たとえ本心から謝っているとは思えないようなときでも、これを受け入れざるをえなくなる圧倒的チカラがあるのは、土下座という形式が、神に向けられた宗教的儀式の本質をもっているからである[61]。

「世間」に強いられて家族がやらされている

いま日本では、子どもが犯罪などの不祥事をおこしたようなときに、たとえ子が成人になったあとでも、ただちに家族が「世間」に謝罪することを強いられる。そうしないと、本人ばかりでなく、家族もまるごと「世間」から排除されるからである。日本人は「世間を離れては生きていけない」と思っているから、これは強迫的といってもいいぐらい当たり前のことになっている。

たとえば二〇一五年におきた「イスラム国人質殺害事件」では、殺害された後藤健二さんの遺族が、「日本政府及び各国政府並びに国民の皆様へ」と題された声明の冒頭で、「この度は、後藤健二が世間をお騒がせすることとなり、大変申し訳ございません」と謝罪している。彼は犯罪を犯したわけではない。ジャーナリストとして、シリアで危難に遭遇した被害者にすぎない。しかし、「世間を騒がせた」から謝罪しなければならないのだ。もしこれが犯罪を犯したとなれば、謝罪を要求する「世間」の有形・無形の同調圧力は、はるかに強くなる。

じつはこうしたことは、いまに始まったことではなく、かなり以前からあった。有地亨は、大正時代末の一九二五年におきた、K男爵の長男で妻子持ちのAが、芸妓と中禅寺湖で投身自殺をしようとし、相手は死んだが自分だけ死にきれず、かみそりでのどをかっ切って苦悶しているところを助け出されたという、ある心中未遂事件を取り上げている。

　この事件では、医師である父親のＫ男爵は、貴族院議員や日本医師会会長などの一切の公職を辞すことを表明し、その際に「不肖な息子Ａの行跡に関しては、世間に対してなんとも申し訳ない。いまはなんと罵られても嘲られても一言の返す言葉もない」と語ったという。

　これについて有地は、次のようにいう。


　このような親に加えられる非難は、「家」制度では、「家」の個々の構成員の行為についての責任は「家」全体の責任であり、とりわけ、「家」の代表者である家長＝戸主によって問われるという考えからすれば当然ということになるのかもしれない。したがって、このような連座の考え方は、近代法で、親と成年になった子とは責任の主体は別個であると立法された後でも、社会では公然とまかり通ることになる。[62]

有地は家族に対して加えられる「世間」の非難の理由は、日本の「家」制度にあるという。ということは、現在でもこうした非難は消滅していないから、まだ「家」制度はなくなっていないことになる。たしかに「家」制度を法的に規定した明治民法は、第二次世界大戦を経て、一九四七年に廃止された。しかし、法制度としての「家」はなくなったが、「いえ」の意識は家族のなかに内面化されたまま執拗に残っている。[63]
　なぜなら、千年ほどの歴史をもつ日本の伝統的共同体である「世間」が、明治期にも戦後も、解体されずに執拗に残り続けたからである。そのため、家族の構成員の不祥事や犯罪について「家」全体が責任を問われるという縁座・連座責任の考え方が、江戸時代以前から現在に至るまで連綿と続いてきた。

それを示す例は枚挙にいとまがない。たとえば、一九七〇年代におきた「連合赤軍事件」で、きょうだいで赤軍に加わっていたメンバー（そのうち一人は逮捕され、一人はリンチ殺人の被害者となった）の父親が教育者だったために、「お前は殺人者の教育をしたのか」といった内容の手紙が殺到し、父親は教職の座を去った。[64] 有地はこれについて、「なんといっても、成年になった子の行動について親の責任を問う社会の姿勢は、大正末の子の不始末について、親がいかに責任をとるかが論じられたときとあまり変わってはいない」[65]という。

さらに、一九八八年から八九年にかけておきた、四人の幼女が誘拐・殺害された「連続幼女誘拐殺害事件」では、逮捕・起訴されたM元死刑囚の父親が、息子の裁判が始まって四年後の九四年に、多摩川の橋の上から身を投じて自殺した。元死刑囚には、きょうだいがいたが、長女は仕事を辞め、婚約を破棄せざるをえなかった。さらに次女は、通っていた看護学校を退学せざるをえなかった。まさに縁座・連座責任だといえる。

このような加害者家族へのバッシングは、近年とくにひどくなっている。二〇〇八年におきた「岡山駅ホーム突き落とし事件」について、辺見庸は次のようにいう。

ＪＲ岡山駅で一八歳の少年が居合わせた乗客を線路に突き落とす事件があり、事件後に謝罪記者会見にのぞんだ容疑者の父親がジーパン姿であったことがインターネットで責めたてられました。私は唖然《あぜん》とせざるをえない。あまりにも馬鹿げた誹謗はいうまでもなく、あんなふうに容疑者の家族が申し開きをする必要があるでしょうか。これは誰がさせていることなのか。世間の声を受けたマスコミが家族にやらせている。世間に強いられて家族がやらされている。これはこの国に特有な現象です。(66)

成人と比較しても、事件をおこした者が未成年者だった場合には、「世間」から加害者家族への謝罪の圧力はさらに強まる。事件翌日に大阪から岡山にあわてて駆けつけた父親は、紺のジャンパーにジーパン、運動靴姿だったらしいが、謝罪会見の服装が悪いと騒ぎ立てることに、何か意味があるとは思えない。

とくにインターネットの普及によって、このような無意味な「世間」のバッシングが、ほとんどリアルタイムで生じることになり、近年そのひどさを増している。「共感過剰シンドローム」によって、報道で見ただけで、事件に何の関係もない人々が「迷惑をかけられた」と信じ込み、ときには正義感も手伝って、ネットの匿名性を利用した誹謗・中傷が、「ネット世間」で二十四時間際限なく続くことになる。

なぜ「迷惑をかけられた」ことが大きな問題になるのか。それは、「世間」に「みんな同じ」という「共通の時間意識」があるために、家庭や学校で子どものころから親や教師に、「他人に迷惑をかけない人間になれ」と言われ続けてきたからである。そのため日本人は、「他人に迷惑をかけない」ための強い自己抑制をおこなうようになる。これが他人に向かうと、「迷惑をかけられた」という非難のセリフになる。「他人とは違う個性的な人間になれ」と教育される西欧社会とはまるで異なる。

辺見は、こうしたことが「この国に特有な現象」という。まったくそのとおりなのだ。よーく考えておかなければならないのは、「世間」による謝罪会見の強要や加害者家族へのひどいバッシングが、西欧社会ではまったくみられないことである。

たとえば、一九九八年にアメリカのアーカンソー州の中学校で銃乱射事件がおきたときに、事件の重大性に鑑みて、加害少年の実名や写真がメディアで公開された。その結果少年の母親の元には、全米から手紙や電話が殺到し、手紙はダンボール二箱に及ぶものだった。日本だったら当然、親を非難したり脅迫する内容であるはずだ。ところが、である。

だが、その中身は、本書でこれまで見てきたような日本社会の反応とはまったく異なっていた。加害少年の家族を激励するものばかりだったのだ。

TBSの「ニュース23」で放映されたリポートでは、少年の母親が実名で取材に応じ、顔を隠すことなく登場した。下村〔ジャーナリストの下村健一：引用者注〕が、受け取った手紙の内容は何かと訊くと、母親は「全部励ましです」と答えたのだ。

下村は自身のブログでその手紙の内容をいくつか紹介している。

「いまあなたの息子さんは一番大切なときなのだから、頻繁に面会に行ってあげてね」「その子のケアに気を取られすぎて、つらい思いをしている兄弟への目配りが手薄にならないように」「日曜の教会に集まって、村中であなたたち家族の為に祈っています」等々。

下村は、アメリカでの取材生活の中で「最大の衝撃」を受けたという(67)。

目パチクリでしょう。このケースは、成人がおこしたものではない、未成年者の事件であることに注意してほしい。二〇〇三年に中学一年生の少年による「長崎男児誘拐殺害事件」がおきたときに、「親を市中引き回しのうえ、打ち首にすればいい」といった大臣がいたが、日本だったら、間違いなく親の責任が厳しく追及されるようなケースである。それがアメリカでは、「全部励ましです」というのだ。

そもそも、加害者家族が実名で、顔も隠さずにメディアに現れること自体が、日本ではおよそ考えられない。そんなことをしたら、家族の住所や電話番号や勤務先までネット上で公開され、近所でビラが貼られたり、自宅や勤務先にイヤガラセの電話がかかってきたりして、結局その地域には住めなくなってしまう。つまり「世間」から排除されることは、火を見るより明らかである。

第1章で簡単にふれたように、西欧社会で、加害者家族が社会に対して謝罪する必要がないのは、どんな場合であっても、家族は子どもを守るのが当然だと考えられているからだ。これは、家族の中心に社会と対決しうる愛情原理があるということだ。というのも、西欧では、〈対幻想〉としての愛情原理に基づく近代家族が形成されてきた、長い歴史があるからである。

ところが日本では、「世間」があり「いえ」の意識が消滅しなかったために、明治以降の近代化

＝西欧化の過程でも、西欧流の近代家族が形成されず、「世間」に対決しうる家族の愛情原理が現在でも希薄である。家族の〈対幻想〉としての愛情原理より、「世間」のルールのほうが優先されるために、子どもを守ることができず、「世間」にひたすら謝罪しなければならない。日本では「世間」と対決するなんて、とんでもない話なのだ。(68)

一九九〇年代末以降、加害者家族へのこうした「世間」の同調圧力が強まっている。背景にあるのは「世間」の「復活」であり、それによる「世間」の排除的側面の露出である。すでに述べたように、犯罪者やその家族を「世間」から排除するこの排除的側面は、「世間」がもともともっていたものだが、九〇年代末になり「ゆるし」という包摂的側面が後退し、代わって前景化したのである。

死刑が圧倒的に支持されるのはなぜか

日本の後期近代への突入によって、「世間」の排除的側面が露出し、刑事司法での厳罰化は一九九〇年代末以降顕著になった。とくに二〇〇〇年代後半に、これが死刑判決や死刑執行の増加となって表れた。〇〇年から〇四年に死刑が確定した者は三十人だったが、〇五年から〇九年では八十二人、一〇年から一四年では五十六人へと増加している。

死刑執行についても、二〇〇〇年から〇四年に十人だったが、〇五年から〇九年に三十六人、一〇年から一四年に二十人で、これも増加している。〇七年から〇八年に当時の鳩山邦夫法務大臣は、十三人もの死刑執行をおこなった。また一二年から一四年に谷垣禎一法務大臣も、十一人の死刑執行をおこなっていて、厳罰化の傾向は現在も続いている。

先進工業国で死刑制度を存置しているのは、アメリカ（の一部）と日本ぐらいになっているが、日本の「世間」は圧倒的に死刑制度を支持している。ちなみに、二〇一四年の内閣府の世論調査によれば、死刑は「やむを得ない」とする割合が八〇パーセントを超えている（この調査は質問内容が誘導的で若干問題もあるが）。この数字は一九九四年が七三パーセント、九九年が七九パーセント、二〇〇四年が八一パーセント、〇九年が八五パーセントとなっているから、大筋では増加傾向にあることがわかる。

ＥＵをはじめとして、先進工業国がほとんど死刑制度を廃止しているにもかかわらず、また先進国中もっとも低い犯罪率を誇っているこの日本で、現在もなお「世間」に死刑が圧倒的に支持され続けているのは、いったいなぜなのか。私には、これが長いこと謎だった。

すでに述べたように、「世間」はウチとソトを厳格に区別する。そのため、犯罪者は「世間」のソトへと排除される。犯罪／犯罪者へ向けられた近年の厳罰化は、この「世間」の本質による。しかし私には、死刑という刑罰の重大さとこの理由はうまく釣り合わない、と思えた。

この謎は、次のような辺見の文章に出合って氷解した。

　この国の死刑はじつに不思議で呪術的なしきたりにしたがっておこなわれています。これは他の死刑存置国とはあきらかに異なるところです。刑場の位置、ならびに刑場において死刑囚が立たされる地点は十二支でいう丑寅《うしとら》、北東の方向に定められています。丑寅は鬼門です。東京拘置所は新装されましたが、その方角だけはいまでも変えていないでしょう。この方角にたいする感覚は、畏れおおくも宮中に一直線につながっている。宮中の祭祀は丑寅の対角線上でおこなわれ、なるほど死刑執行はその真逆、穢《けが》れが立つ場所としてあるのです(69)。

なるほど。本当の問題は、「世間」の「呪術性」であり、犯罪／犯罪者がケガレと見なされる、ということのなかにあったのだ。

辺見がいうように、死刑の執行が丑寅の方向というケガレとの関係のなかにあるとすれば、それは犯罪／犯罪者に対する「世間」のケガレの意識からきている。この丑寅の方向の選択は、単なる習慣や形式のように見えるが、辺見がいう「黙契(70)」であり、きわめて本質的である。つまり死刑という刑罰はきわめて呪術的なのだ。またあとで述べるが、辺見が「宮中に一直線につながっている」というように、死刑は呪術的であるために、日本の天皇制と深く関わっている。

死刑という生命を奪う刑罰が、懲役などの自由刑とまったく異なっているのは、自由刑が労働との関わりで近代以降に発明された新しい刑罰であるのに対して、死刑は近代以前から連綿と続く刑罰である点である。つまり現在の刑罰のなかで死刑だけは、きわめて古い歴史をもつ。このことは、日本の「世間」の「呪術性」の歴史的古さとパラレルになっている。

だから死刑が「世間」から圧倒的に支持されるのは、この死刑が本来もつ「呪術性」によっている。なぜなら、「世間」では「呪術性」のルールにみんな縛られているからだ。辺見は「死刑は私たち世間が支えているのです(71)」という。それは単に消極的に支持しているというのではなく、「世間」のなかで私たちが日常的に繰り返している、呪術的行為の無意識の反映である。

たとえば、毎年節分の季節になると大々的に売り出される「恵方巻き」の習慣は、もともと大阪など関西の一部にあった習慣を、セブン－イレブン、ローソンなどのコンビニエンスストアが仕掛けて一九九〇年代終わりに全国展開したものである。その年の恵方に向かって、だまって目を閉じて太巻きをまるかじりする光景は、節分になると繰り返しメディアで報道され、コンビニで「恵方巻き」が飛ぶように売れる。

このような一種の宗教的な儀式が、たとえそれがコンビニの販売促進目的の陰謀だとしても、あっという間に全国に広まるのは、「世間」のなかに「呪術性」のルールがあり、みんなそれに強く縛られているからである。そして、無意識に刷り込まれているきわめて日常的な私たちの行動が、死刑制度の根底にあると考えなければならない。死刑への「世間」の圧倒的支持の理由は、この無意識化された「呪術性」にあるのだ。

ふれてはいけない「薄暗さ」

辺見は、日本の死刑制度がもつ「呪術性」は、「宮中」すなわち天皇制に結び付いているという。そして、死刑と天皇制をつなぐものは「薄暗さ」だとして、天皇が亡くなったときにおこなわれる「殯宮祇候」という儀式に注目する。それは、天皇の棺を置いた部屋で昼夜途切れることなく、一本のろうそくだけで一カ月の間、誰かが付き添うという儀式である。

これについて、「つまり、蠟燭一本、一カ月、死体に付きそう、その写真を撮らせてくれ、取材をさせてくれというマスコミは、欧米にはありえても、日本にはないんです。なぜか自制する」と指摘したうえで、次のようにいう。

われわれのなかにも、なにかそれはやってはいけない、殯の宮を覗いてはいけない。われわれの内側に、じつは殯の宮の一本の蠟燭の灯りみたいなものがあって、ものごとを曖昧にする。論理を曖昧模糊とする。ですぎない、そのままとっておくというところがある。薄明のなかにそうして放置したものが、ファシズムとして培養されて、立ち上がってくる。いま、立ち上がってきているのではないかと思うのです。この殯の宮の薄明、薄暗さというのは、死刑という制度の薄暗さとどこか似ているような気もするのです。[72]

この部分を読んでいて思い出したのが、二〇一三年におこなわれた伊勢神宮の式年遷宮の際の「遷御の儀」のニュース映像である。それは真っ暗な夜の風景をバックにして、たいまつがともる薄暗がりのなかで、一般には公開されず、安倍首相はじめ約三千人の招待客だけが参加しておこなわれていた。おごそかといえば、たしかにそうなのだが、私はあの薄暗さに薄気味の悪さと奇妙な違和感を覚えた。それが、辺見の文章を読んでいたときに鮮やかによみがえってきたのだ。

辺見は、殯の宮の「薄暗さ」が日本のファシズムを象徴しているという。私が実感としてよくわかるのは、日本の「世間」の根底のところに、こうしたふれてはいけない「薄暗さ」がひそんでいると思えることがよくあるからだ。それをときおり、秘儀に満ちた「遷御の儀」などの儀式の「薄暗さ」で垣間見ることになる。この気味の悪い「薄暗さ」とは、じつは「世間」の「呪術性」がもつ「非合理性＝irrational なもの[73]」のことである。呪術的だということは、要するに合理的に説明がつかないということである。

この「薄暗さ」が日本人の無意識に内面化され、なんとなくふれてはいけないものとされ、それにふれることは自己抑制される。だからメディアでは自主規制され、天皇制について自由に語ることはできない。天本英世が、日本のテレビでは天皇や天皇制について、決してしゃべれず、しゃべっても必ずカットされるとして、「外国のテレビで放映できて、日本では放映できないというのは、まるで戦争中の日本国家の姿そのものである。戦争が終わって半世紀以上も経つというのに、日本には、まだ、言論の自由がない[74]」と怒っていた。これは憲法の「表現の自由」の圏外なのだ。

第1章でふれたように、戦艦大和の特攻出撃をめぐって、山本七平は、それを決定づけたのは「大きな絶対権をもった妖怪」、つまり「空気」だといっている。やってはいけないという空気。ふれてはならないという空気。空気は合理的に説明がつかない。「薄明」のような非合理性は、非合理的であるがゆえに、理性的に批判できない。辺見がいうように、それは「ものごとを曖昧にする。論理を曖昧模糊とする」。つまり天皇制という言説空間では、あらゆる言論は無効になる。天皇制は、この非合理性や「呪術性」を集約的に体現している存在である。

さらにいうまでもなく天皇は、「世間」の「身分制」の最上位に位置する存在である。日本は明治以降、江戸時代の「身分制」をやめ「四民平等」になったにもかかわらず、また戦後は貴族制も廃止されたにもかかわらず、「世間」では天皇を頂点として、上から下までさまざまな身分が、ミルフィーユのように層をなして積み重ねられている。

メディアで皇族に、ほかの人間にはまずつけられない、「さま」の肩書が必ずつけられるのはそのためである。これは一種のカーストといってもいいが、これが「世間」の無意識に刷り込まれている。つまり「世間」の「身分制」のなかでは、天皇がいちばんエライということだ。

しかし、戦前の大日本帝国憲法の時代とは異なり、戦後天皇は「人間宣言」をおこない、実質的な政治権力を奪われ日本の象徴となった。天皇はエライとはいっても、戦後はふつうの人と変わらないことになったのではないか。

この点で堀井憲一郎が面白いことを指摘している。

> 日本の総理大臣は、かならず天皇によって任命されている。
> ここのところを、天皇はお飾りで、総理大臣が実務者であるというポイントだけ取り出して考えると、そういう教育が繰り返しなされているからだとはおもうが、実態を見誤る。総理大臣はあくまで天皇が任命しているのである。
> 偉いのは天皇である。(75)

ちなみに憲法六条の第一項の規定はこうである。「天皇は、国会の指名に基いて、内閣総理大臣を任命する」。たしかに法的には、天皇のほうが総理大臣より上なのである。なぜ天皇は総理大臣よりエライのか。堀井はいう。「天皇はもとよりこの国に存在しているので、偉い。総理大臣というシステムよりもその存在が古い」[76]からだと。じつは象徴天皇制を規定している憲法一条や、総理大臣の任命権を定める六条は、憲法よりはるかに古い天皇制という「世間」のルールを、ある意味そのまま表現しているといってもいい。

もちろんヨーロッパにも、エリザベス女王などの国王はいる。しかし、天皇と国王が決定的に違うのは、第一に、国王が政変などで簡単に取り換え可能であるのに対して、天皇は「万世一系」であり、他人と簡単には取り換えることができない点である。千三百年以上続く王室というのは、ヨーロッパではまず考えられない。

そして第二には、ヨーロッパではキリスト教などの「一神教」の原理が貫徹しているために、国王はあくまでも人間であって神ではない。歴史上「王権神授説」のようなものはあったが、国王が神そのものに取って代わることはない。

ところが日本では、「呪術性」に基づく「多神教」の原理が貫徹しているために、戦前は天皇自身が「現人神」という神そのものだった。現在でも天皇は犯罪を犯しても訴追されないから、ふつうの人間とは違う特別の存在とされ、少なくとも死後は「ご先祖」として神となる点が、国王とはまるで違う。

この天皇制の特異さと強固さは、世界でも類を見ないものである。それは「世間」が、千年以上にわたって、ヨーロッパのように途中で解体することなく、連綿と続いてきたからである。辺見は阿部の世間論の業績について、「日本的ファシズムの淵源はそうした世間にこそあるのだと説き、その頂点に天皇制があることをしめした」[77]という。天皇制は、「世間」の「呪術性」と「身分制」

が交差する頂点に位置し、日本のファシズムを醸成してきた。

こうしたことはおそらく、とくに近隣の国々の人々にはまったく理解されない。南京大虐殺問題や従軍慰安婦問題が、日中や日韓の間でここまでこじれているのは、歴史意識の違いの問題だけではない。集団になり非合理的な空気に支配されたときの、日本人のわけのわからない薄気味悪さが、つまり「薄暗さ」という日本のファシズムの特異さが、中国や韓国の人々にとって理解不能の脅威に映るからだ。

要するにそれは、中国にも韓国にも見当たらない日本の「世間」が、おそらくかれらにはまったく理解されないということである。

忖度、自己規制、自粛

いま「世間」の「復活」によって、「世間」の排除的側面が露出している。辺見は現在の日本を特徴づける「新しいファシズム」について、ウンベルト・エーコのファシズムとは「いかなる精髄も、単独の本質さえもない」という言葉を引用し、「エーコ的に言えば、いまの日本はファシズムの国だよ」としたあとで、次のように説明している。

「ファシズム」とは大衆運動や個人の行動がコラージュのように積み重なったもの。独裁者の言葉に突き動かされるのではなく、忖度や自己規制、自粛といった日本人の〝得意〟な振る舞いによって静かに広がっていくということだ。

ファシズムと聞くと全体主義、ムッソリーニ独裁やヒトラーのナチスが浮かぶ。「そういう、銃剣持ってざくざく行進というんじゃない。ファシズムはむしろ普通の職場、ルーティンワーク（日々の作業）の中にある。誰に指示されたわけでもないのに、自分の考えのない人びとが、どこからか文句が来るのが嫌だと、個人の表現や動きをしばりにかかるんです[78]」

日本のファシズムは、西欧のように独裁者の言葉に突き動かされるものとは異なる本質をもつ。つまり忖度や自己規制や自粛である。どれも思い当たるふしが山のようにある、日本人特有の「態度」である。二〇一一年の東日本大震災直後に、「自粛」でビルのネオンサインが消え、セブン－イレブンなどコンビニの看板の明かりまで消えて、真っ暗になった夜の都市風景は、まだ記憶に新しい。

自粛はアメリカのメディアに、そのままjishukuと書かれた。西欧社会ではまずありえないくらい、異様な光景に映ったからだ。誰かが命じたわけではない。法的に規制されたわけでもない。しかし「自粛ムード」は一カ月以上続き、ライブやコンサートなどの音楽イベントや、宴会や花見の是非にまで議論が及んだ。飲み屋街は閑古鳥が鳴いていた。私はあのとき「なんじゃあ、こりゃあ」と、なんだかえらくささくれ立った気分で、真っ暗な夜の街をほっつき歩いていたのをよく覚えている。

これが政治的問題に関わってくると、必ずしも「上から」ではない、国家や政治権力とは相対的に独立した、「下から」や「横から」生まれる権力として、忖度や自己規制や自粛が大きなチカラをもっていく。

二〇一四年にさいたま市でおきた「九条俳句掲載拒否事件」が、それをよく表している。

さいたま市大宮区の三橋公民館が毎月発行する公民館だよりの俳句コーナーで、サークルが選んだ市民の俳句「梅雨空に『九条守れ』の女性デモ」を公民館の判断で掲載を取りやめていたことが四日、関係者への取材で分かった。

俳句は同市大宮区に住む女性（七十三）が詠んだ。三橋公民館は同サークルが選んだ作品を毎月、公民館だよりに掲載している。公民館は「公民館の考えであると誤解を招く」と掲載を拒否。俳句コーナーを削除した。(79)

女性の「納得いかない」という声に対して、拒否した理由について公民館側は、「〝九条守れ〟というフレーズは、憲法を見直そうという動きが活発化している中、公民館の考えであると誤解を招く可能性がある」と説明したという。

いうまでもないが、憲法二十一条には「集会、結社及び言論、出版その他一切の表現の自由は、これを保障する」と書いてあり、「一切の」というきわめて強い文言で「表現の自由」を宣言している。公務員である（はずの）公民館の担当者には、憲法九十九条の「この憲法を尊重し擁護する義務」があるから、当然二十一条の「表現の自由」は死守しなければならない（はずだ）。

のちにさいたま市の稲葉康久教育長は、「月報は公民館の責任と権限に基づいて発行している。

世論を二分している内容の作品はそぐわない[80]」と釈明しているらしい。だがいろんな意見があるのは当たり前で、自由で多様な意見表明への公権力の制限をきっぱりと否定しているのが、憲法上の「表現の自由」であることは明白ではないか。

こういうことがまったく公民館の担当者の頭に存在しないように見えるのは、彼らも「世間」の一員であり、その「世間」が権利や人権を一切認めないという本質をもつからである。たぶん実感として、公民館がやったことがなぜこれだけ批判されるのか、よくわからないだろう。

しかも担当者は自分に与えられた仕事を、どこからも文句やクレームがこないように、慎重に忠実にこなしただけだ、と考えているはずである。掲載した場合に、職場に右翼の宣伝カーが来て騒ぐかもしれない。あるいはネット上でネトウヨに叩かれるかもしれない。そうなるとこれは自分の責任になる。そう考えたはずである。

ふつうの職場で、ふつうの人間が、どこからも文句やクレームがこないように、自分の仕事を無難かつ忠実にこなしていく。目立たないように「みんな同じ」と考える「人間平等主義」が、そうした心理を背後から支えている。また individual たる個人が存在しないことも、それを後押ししている。子どものころから刷り込まれている自己規制＝自己抑制も得意中の得意である。

なんてことはない。ただそれだけのことである。だが、そうした日常的営為がコラージュのように積み重ねられた結果として、自粛や自己規制や忖度というかたちで、いつのまにか自由な表現が抑圧され、薄気味の悪い日本的なファシズムを生み出していくのだ。

松田武雄は、ほかの公民館でも特定の講座の講師の差し替えや内容を指導したりするケースがおきているとして、「いずれも時の政権の意向を敏感に感じた公民館側の自主規制。九条俳句の掲載拒否も安倍政権の空気を読んだものだと感じる」[81]と批判する。

しかし、必ずしも政権の意向や空気を読む必要はない。職場の空気や上司の胸の内を「忖度」するだけで十分なのだ。政権にも上司にも、誰にも命令されたわけではない。にもかかわらず、事態は全体として政権の望むような方向に収斂していく。怖いのは、第1章で述べたように、それが「いつのまにか」「知らず知らず」そうなることだ。これを支えているのは、「憲法を見直そうという動きが活発化」している「世間」の空気である。つまり、一九九〇年代末以降の厳罰化に代表されるような、「世間」の「復活」による異質なものの排除の空気である。

よく知られているようにハンナ・アーレントは、ナチスのユダヤ人虐殺の責任者とされたアドルフ・アイヒマンについて、彼は狂信的反ユダヤ人主義の「怪物」などではなく、ただ「話す能力の不足が考える能力――つまり誰か人の立場に立って考える能力――の不足と密接に結びついて[82]」いる凡庸な官吏にすぎないと指摘した。アーレントはこれを、「悪の凡庸さ（陳腐さ）」と呼んでいる。アイヒマンはイスラエルの法廷で、自分はしかたなく上司の命令に従ったにすぎないと弁論した。もちろん日本でも、このような考える能力が不足している凡庸な官吏がファシズムを支えていることはたしかである。だがドイツと明白に違うのは、日本では、国家や政治権力による「上から」の明確な命令がない場合でも、官吏は、「世間」の空気、つまり「世間」による「下から」「横から」の同調圧力を忖度して行動する点である。

これは法のルールが支配する西欧社会と、法のルール以前に「世間」のルールが支配する日本との違いを示している。

注

(1) ジョック・ヤング『排除型社会――後期近代における犯罪・雇用・差異』青木秀男／伊藤泰郎／岸政彦／村澤真保呂訳、洛北出版、二〇〇七年、三一一ページ

(2) 浜井浩一／芹沢一也『犯罪不安社会――誰もが「不審者」?』(光文社新書)、光文社、二〇〇六年、二二二―二二五ページ。浜井浩一／Tom Ellis「日本における厳罰化とポピュリズム――マスコミと法務・検察の役割、被害者支援運動」浜井浩一訳、日本犯罪社会学会編、浜井浩一責任編集『グローバル化する厳罰化とポピュリズム』所収、現代人文社、二〇〇九年、九〇ページ以下、参照

(3) 同旨、佐藤直樹「厳罰化と「世間」――日本における後期近代への突入をめぐって」「法政理論」第四十五巻第四号、新潟大学、二〇一三年、五五―八五ページ、同『なぜ日本人はとりあえず謝るのか――「ゆるし」と「はずし」の世間論』(PHP新書)、PHP研究所、二〇一一年、同「自著を語る」「青少年問題」第六百四十四号、青少年問題研究会、二〇一一年、五七ページ、阿部謹也「わが国の犯罪と世間」「犯罪と非行」第百二十七号、日立みらい財団、二〇〇一年、二ページ以下。なお、日本での後期近代への突入が、宇野弘蔵のいう段階論で、資本主義の新たな段階規定を意味するかどうかについて、佐藤直樹「法における「後期近代」と段階論――厳罰化と「世間」をめぐって」(中村宗之／勝村務編『奥山忠信先生還暦記念論文集　貨幣と金融――歴史的転換期の理論と分析』所収、社会評論社、二〇一三年)、三四九―三六三ページ、参照。

(4) エフゲニー・ブロニスラヴォヴィッチ・パシュカーニス『法の一般理論とマルクス主義』稲子恒夫訳、日本評論社、一九七三年、一七九ページ

(5) 同書一九五ページ

(6) 佐藤直樹『共同幻想としての刑法』白順社、一九八九年、七六ページ以下、佐藤直樹/田中史郎「パシュカーニス経済・法理論の可能性――共同研究のひとつの試み」「福岡県社会保育短期大学研究紀要」第二十三号、福岡県社会保育短期大学、一九九〇年、六〇ページ以下、参照

(7) 佐藤直樹文、長谷川京平イラスト『刑法――総論』(For beginners シリーズ イラスト版オリジナル)、現代書館、一九九一年、六四―六七ページ

(8) M・フーコー『異常者たち――コレージュ・ド・フランス講義一九七四―一九七五年度』慎改康之訳(「ミシェル・フーコー講義集成」第五巻)、筑摩書房、二〇〇二年、二四ページ

(9) 同書二四ページ

(10) David Garland, *The Culture of Control: Crime and Social Order in Contemporary Society*, Oxford University Press, 2001, pp.34-40.

(11) David Garland, *Punishment and Welfare: A History of Penal Strategies*, Gower, 1985, pp.190-191. 小野坂弘「デービッド・ガーランド著「刑罰と福祉――刑罰戦略の小史」」「法政理論」第二十二巻第一号、新潟大学、一九八九年、一一九―一四一ページ、参照

(12) 前掲『排除型社会』一五四ページ

(13) 芹沢一也『〈法〉から解放される権力――犯罪、狂気、貧困、そして大正デモクラシー』新曜社、二〇〇一年、四三ページ以下、同『狂気と犯罪――なぜ日本は世界一の精神病国家になったのか』(講談社+α新書)、講談社、二〇〇五年、一四四ページ以下、同『暴走するセキュリティ』(新書y)、

洋泉社、二〇〇九年、三一ページ以下

(14) 佐藤直樹「現象学からみた刑事司法」、和田仁孝編『法社会学』(NJ叢書) 所収、法律文化社、二〇〇六年、一七三ページ。佐藤直樹「主観的違法論と現象学的刑法学――西台満『主観的違法性の理論』(世界書院) をめぐって」「九州工業大学情報工学部紀要 人間科学篇」第十一号、九州工業大学、一九九八年、一二二―一三六ページ、参照

(15) 前掲『アメリカ人のみた日本の検察制度』一四三―一四五ページ

(16) 千葉和郎「起訴便宜主義の課題」「比較法」第二十九号、東洋大学比較法研究所、一九九二年、三七―一〇八ページ

(17) Daniel H Foote (ダニエル・H・フット)「日本における刑事司法――継続性と変化」伊藤渉訳、「比較法」第三十六号、東洋大学比較法研究所、一九九九年、六九―八六ページ

(18) 松尾浩也「刑事訴訟の日本的特色――いわゆるモデル論とも関連して」「法曹時報」第四十六巻第七号、法曹会、一九九四年、一二六〇ページ。大平祐一「「日本的特色」の歴史的探求について――「精密司法」と江戸幕府の刑事手続について」、大平祐一／桂島宣弘編『「日本型社会」論の射程――「帝国化」する世界の中で』所収、文理閣、二〇〇五年、六三―八八ページ、参照

(19) 前掲『終身刑の死角』一七五ページ

(20) 前掲『排除型社会』五二ページ

(21) 同書三〇ページ

(22) 同書二八―三〇ページ

(23) 同書九四ページ

(24) 同書一二四―一二五ページ

(25) 同書三一二ページ
(26) スタンレー・コーエン「社会統制の会話――矯正の変化について物語ること」佐藤直樹訳、デービッド・ガーランド/ピーター・ヤング編『処罰する権力――今日の刑罰性と社会的分析』所収、小野坂弘監訳、西村書店、一九八六年、一六六―一七四ページ
(27) 小宮信夫『犯罪は「この場所」で起こる』(光文社新書)、光文社、二〇〇五年、九八ページ以下。「割れ窓理論」については、重田園江「監視と処罰の変貌」(「特集 裁判員制度――死刑を下すのは誰か」「現代思想」二〇〇八年十月号、青土社、二一二―二二四ページ)、参照。
(28) 大竹弘二「処罰と正常性――例外状態のなかの司法と犯罪統制」、同誌一五六―一五七ページ
(29) Garland, *The Culture of Control*, p.16.
(30) *Ibid.*, p.16.
(31) 前掲「処罰と正常性」一五六ページ
(32) 佐藤直樹『増補版 大人の〈責任〉、子どもの〈責任〉――刑事責任の現象学』青弓社、一九九八年、一五五ページ以下、同「少年法の「保護主義」の相対化のために」「法政理論」第二十五巻第四号、新潟大学、一九九三年、二五三ページ以下
(33) 佐藤直樹「司法はなぜ「結果責任」を問わないのか(中)――少年法と〈保護主義〉」「新潮45」二〇一二年八月号、新潮社、二六四―二七一ページ
(34) 佐藤直樹「司法はなぜ「結果責任」を問わないのか(下)――刑法三九条は削除すべきである」「新潮45」二〇一二年九月号、新潮社、二六二―二六九ページ。前掲『刑法39条はもういらない』、佐藤直樹「三九条はきれいさっぱり削除されるべきだ」、呉智英/佐藤幹夫編著『刑法三九条は削除せよ!是か非か』(新書y)所収、洋泉社、二〇〇四年、二七ページ以下、参照

(35) 前掲『終身刑の視角』六五ページ
(36) 小田中聰樹「あるべき「司法への国民参加」とは――裁判員制度についていま何をどう議論すべきか」、前掲「現代思想」二〇〇八年十月号、五八―七四ページ。小田中がいうように、日本の裁判員制度実現への圧力が、外部からの新自由主義の浸透と拡大によるものだったことは明らかである。
(37) 佐藤直樹「イラク人質はなぜバッシングされたのか――法と世間のメカニズム」「法学セミナー」二〇〇四年九月号、日本評論社、五三―五七ページ。佐藤直樹「家族と「世間」――隣人訴訟をめぐって」、生野正剛／二宮孝富／緒方直人／南方暁編『変貌する家族と現代家族法――有地亨先生追悼論文集』所収、法律文化社、二〇〇九年、二〇―三七ページ、参照
(38) 「西日本新聞」二〇〇四年四月二十三日付
(39) 「朝日新聞」二〇一三年十月二十日付
(40) 光市の事件の経緯については、石塚伸一「刑事裁判における被害者の役割――裁判員、被害者参加そして死刑」（前掲「現代思想」二〇〇八年十月号）九三―九五ページ、参照。
(41) 浜井浩一『二円で刑務所、五億で執行猶予』（光文社新書）、光文社、二〇〇九年、一七二ページ
(42) 「毎日新聞」二〇〇八年一月八日付夕刊
(43) 「週刊新潮」二〇〇八年二月二十一日号、新潮社、一三八―一四二ページ
(44) 澤登佳人『刑事法における人間の虚像と実像――近代刑法克服への道標』大成出版社、一九七六年、四四―四五ページ。佐藤直樹「司法はなぜ『結果責任』を問わないのか（上）――亀岡暴走事件の軽すぎる「罪と罰」」「新潮45」二〇一二年七月号、新潮社、一四〇―一四七ページ、参照
(45) 前掲「日本における厳罰化とポピュリズム」九三―九五ページ
(46) 前掲『犯罪不安社会』一四一―一四三ページ

(47) 同書一六六―一七一ページ。じつは、日本でも「欧米化」が進んでいき犯罪発生率も上昇するとして、小学校での「地域安全マップ」作りを熱心に進めたのが小宮信夫であった（前掲『犯罪は「この場所」で起こる』二〇ページ以下）。

(48) 荒井千暁『職場はなぜ壊れるのか――産業医が見た人間関係の病理』（ちくま新書）、筑摩書房、二〇〇七年、九六ページ

(49) 前掲『暴走する「世間」で生きのびるためのお作法』五―六ページ、参照

(50) 前掲「日本における厳罰化とポピュリズム」九二ページ

(51) 同論文一一九ページ

(52) 前掲『「大岡裁き」の法意識』一六三ページ以下

(53) 岡本薫『世間さまが許さない！――「日本的モラリズム」対「自由と民主主義」』（ちくま新書）、筑摩書房、二〇〇九年、一三六―一三七ページ

(54) ＮＨＫ放送文化研究所編『現代日本人の意識構造 第八版』（ＮＨＫブックス）、ＮＨＫ出版、二〇一五年、二三八―二四三ページ

(55) 土井隆義『少年犯罪〈減少〉のパラドクス』（若者の気分）、岩波書店、二〇一二年、一三七―一四三ページ

(56) 山田昌弘『希望格差社会――「負け組」の絶望感が日本を引き裂く』筑摩書房、二〇〇四年、二〇一ページ

(57) 前掲『「すみません」の国』二九―三〇ページ

(58) 同書三七ページ

(59) 同書三八ページ

(60)「週刊ポスト」二〇一〇年三月十二日号、小学館、二七ページ
(61)佐藤直樹「氾濫する土下座」「北海道新聞」二〇一四年十月十日付、参照
(62)有地亨『日本の親子二百年』(新潮選書)、新潮社、一九八六年、九〇ページ。なお本書では引用に際して個人名については、実名表記を匿名表記に変えた部分がある。
(63)「いえ」の意識については、前掲『なぜ日本人は世間と寝たがるのか』三五ページ以下、有地亨／植木とみ子『日本の家族――身の上相談に見る夫婦、百年の変遷』(海鳥社、二〇〇八年)、参照。
(64)前掲『日本の親子二百年』二〇八―二〇九ページ
(65)同書二一三ページ
(66)辺見庸『愛と痛み――死刑をめぐって』毎日新聞社、二〇〇八年、五九―六〇ページ
(67)鈴木伸元『加害者家族』(幻冬舎新書)、幻冬舎、二〇一〇年、一八二ページ
(68)この詳細については、前掲『なぜ日本人は世間と寝たがるのか』四三ページ以下、参照。
(69)前掲『愛と痛み』七五ページ
(70)同書七九ページ
(71)同書七九ページ
(72)辺見庸『いま語りえぬことのために――死刑と新しいファシズム』毎日新聞社、二〇一三年、一一五ページ
(73)同書七六ページ
(74)天本英世『日本人への遺書』徳間書店、二〇〇〇年、一五五―一五六ページ
(75)堀井憲一郎『ねじれの国、日本』(新潮新書)、新潮社、二〇一一年、四八ページ
(76)同書四九ページ

(77) 前掲『愛と痛み』七三ページ
(78) 前掲『いま語りえぬことのために』二四六―二四七ページ
(79)「埼玉新聞」二〇一四年七月四日付
(80)「東京新聞」二〇一四年八月七日付
(81) 同紙
(82) ハンナ・アーレント『イェルサレムのアイヒマン――悪の陳腐さについての報告』大久保和郎訳、みすず書房、一九六九年、三八ページ。柴嵜雅子は、これとは違う「有能なチームリーダー」としてのアイヒマンを描き出している(柴嵜雅子「アードルフ・アイヒマンの罪」「国際研究論叢・大阪国際大学紀要」第十九巻第一号、大阪国際大学、二〇〇六年、一一一―一二九ページ)。

第3章　犯罪を生み出す「世間」

「世間」は犯罪を抑止するが、それだけでなく、犯罪を生み出す土壌にもなっている。一九九〇年代末以降の「世間」の「復活」は、「世間」の息苦しさや閉塞感を加速させているが、それと合わせ鏡のように、「世間」がさまざまな犯罪現象に投影されていく。第3章では、最近おきた三つの事件を取り上げて、そのなかで「世間」がどう作動しているかを解析したい。

1　二〇〇八年：秋葉原無差別殺傷事件

この事件は、私がいうヤケクソ型犯罪の典型である。ヤケクソというのはどこの国にでもあるように思えるが、どうもそうではないようで、じつは日本に特有の現象であり、それは「世間」のあり方とつながっている。

何か壊れました。私を殺したのはあなたです

二〇〇八年六月八日、日曜日で歩行者天国になっていた秋葉原の交差点に二トントラックで突っ込み、通行人をひいたうえで、ダガーナイフを振り回して七人を殺害し、十人を負傷させる事件がおきた。世にいう「秋葉原無差別殺傷事件」である。

犯人の加藤智大元被告（二十六歳）には、二〇一一年東京地方裁判所で死刑判決が言い渡され（東京地裁二〇一一年〔平成二十三年〕三月二十四日判決）、一二年二審の東京高裁も控訴棄却で死刑（東京高裁二〇一二年〔平成二十四年〕九月十二日判決）、一五年には最高裁で上告棄却、死刑が確定した（最高裁第一小法廷二〇一五年〔平成二十七年〕二月二日判決）。

こうした無差別殺傷を狙った犯罪とは、金品要求や物取り、怨恨によるものではない、ただ「犯罪を犯すことが目的の犯罪」であり、自暴自棄によるヤケクソ型犯罪だといえる。つまり攻撃する相手は「誰でもよかった」ということになる。次でふれるが、『黒子のバスケ』脅迫事件の元被告のネーミングによれば、それを「人生で正常かつ適正な欲望を持つことすらできなかった人間」による「欲望欠如型犯罪」(1)と呼んでもいいかもしれない。

すでに第2章で簡単にふれたが、この自暴自棄による二十代三十代の男性の無差別型犯罪が目立つようになるのは、山田がいうように一九九八年以降である。

秋葉原以前の事件をざっとあげてみると、一九九九年の「池袋通り魔事件」「下関通り魔事件」、二〇〇一年「池田小事件」、〇三年「名古屋連続通り魔事件」（女性によるもの）、〇四年「奈良女児

殺害事件」、〇五年「仙台アーケード街トラック暴走事件」、〇八年「土浦通り魔事件」「岡山駅ホーム突き落とし事件」（未成年者によるもの）などがある。

また秋葉原以降としては、二〇〇八年「八王子通り魔事件」、一〇年「マツダ本社工場連続殺傷事件」、一三年『黒子のバスケ』脅迫事件」、一四年「名古屋暴走車無差別殺人未遂事件」「柏連続通り魔事件」「ＡＫＢ握手会傷害事件」などがあげられる。いずれにせよ、一九九八年以降こうした事件が目立つようになったことはたしかであり、秋葉原の事件はそのなかでも、「世間」に深刻な衝撃を与えたという点で突出していた。

とはいえ、日本で自暴自棄による無差別型の犯罪が、それ以前になかったのかといえば、そうではない。六人が殺害された一九八〇年「新宿西口バス放火事件」や、四人が殺害された八一年「深川通り魔事件」は、歴史に残る大きな事件である。問題は九八年以降に、とくにヤケクソ型事件が目立つようになった理由である。

ヤケクソといえば、近年は、子どももガチでキレるし、お年寄りもブチッとキレる。日頃は温厚な私でも、ときどきキレる。それに対して、やれ家庭の愛情が足りないだの、カルシウムが足りないだの、ジャンクフードの食べすぎだと叫ばれる。だが本当にそんな問題なのか。キレるという行為は、それまでの行為に至る動機や経緯と、行為の結果との間に明らかに断絶や落差があり、外側からみれば動機の軽さと行為の結果の重大さとが、うまく釣り合わないことを意味する。

よく知られているように加藤元被告は、携帯サイトの掲示板に大量の文章を書き込んでいた。事件直前に職場を辞めた彼にとって、掲示板は唯一の社会との接点になっていた。しかし当時「成りすまし」や「荒らし」によって、事実上掲示板が使えなくなっていた。彼はそれを次のように説明している。

六月五日に、私は仕事を失い、そのことで職場の友人も失いました。すると、私に残っているのは掲示板だけになります。掲示板に残っているのはトラブルだけですから、私の社会との接点は、掲示板でのトラブルだけ、ということにもなります。そこから離れると孤立することになるため、孤立の恐怖は耐えがたく、私はトラブル相手にしがみつきました。そこから事件へと向かっていくことになります。[2]

彼にとって、現実の世界にせよネットの上にせよ、社会との接点がなくなり、孤立し孤独になることが最大の恐怖だった。「孤立すれば、自殺はもう目の前です。私は肉体的な死には特に感じるものはありませんが、社会的な死は恐怖でした」[3]。あとでふれるが、個人が存在せず、「世間」との関係だけが自己の存立根拠になっている日本人は、「世間を離れては生きていけない」と思っているから、「世間」との関係が切れることは死を意味する。

ともあれ、彼は事件の動機については一貫して、「成りすましらとのトラブルだけが事件の動機[4]」であり、「掲示板で宣言したうえで、その通りに大事件を起こし、それを報道で知った成りすましらに心理的に痛みを与えること[5]」、つまり「秋葉原無差別殺傷事件という凶器で成りすましらを攻撃[6]」することだと語っている。だが、こうした動機は外側から見れば、死傷者十七人という事件の結果の重大性とはとうてい釣り合わない。動機と結果との間にあまりに大きな断絶がある。つまり動機がさっぱりわからないのだ。

事件の十日ほど前に、「食欲が無くてもお腹は空くのですね。イライラがつのるばかりです」との彼の書き込みに対して、「不細工でも苛々するんだな」という「名無し」のレスがあり、「何か壊れました。私を殺したのはあなたです」（二〇〇八年五月三十日）と書き込んで、たぶんこのときネット上で彼は決定的にキレている。

そして「みんな死ねばいいのに」「秋葉原もカップルだらけだった。意味わからん」（五月三十一日）と、秋葉原を意識していることを示唆している。また「土浦の何人か刺した奴を思い出した」（六月四日）と、無差別殺人を匂わせてもいる。

たしかに一九九八年以降、キレることによる重大なヤケクソ型犯罪が目立つようになっている。しかしここで考えておかなければならないのは、それほど目立たないにしても、この種の事件はそれ以前から発生していて、このキレたりヤケクソになるという無差別殺人の動機とは、もともと「世間」がもっていたものではないのか、ということである。

日本人はなぜヤケクソになりやすいのか

もう七十年以上前に書かれた『風土』のなかで和辻哲郎は、日本のモンスーン的な忍従性に基づいて生まれたのが、「日本の特殊な現象としてのヤケ（自暴自棄）」[7]だといっている。そして、その根底にある心情を次のように説明する。

そこで日本の人間の特殊な存在の仕方は、豊かに流露する感情が変化においてひそかに持久しつつその持久的変化の各瞬間に突発性を含むこと、及びこの活発なる感情が反抗においてあきらめに沈み、突発的な昂揚の裏に俄然たるあきらめの静かさを蔵すること、において規定せられる。それはしめやかな激情、戦闘的な恬淡である。これが日本の国民的性格にほかならない(8)。

和辻はこうした心情を「突発的忍従性」と呼び、キリシタン迫害の際の殉教者の態度にみられるように、「淡白に生命を捨てる」というかたちで表れるという。それは、変化が激しく耐えがたい日本のモンスーン型の風土が、そこに住む人間を受容的・忍従的にするからだという。しかも、この受容性・忍従性は、単に受け身なのではなく、ときに突発的・戦闘的に表れるが、その背後にはしめやかなあきらめが同居するという。

つまりそこには「突発性」と「あきらめ」が同在する。おそらく加藤元被告がキレたときの心情には、事件をひきおこすという「突発性」と、自分の人生に対する「あきらめ」が同在している。彼が「孤立すれば、自殺はもう目の前」といっているのはこのことである。木村隆夫はこの事件を、「本来は自殺に向かうものが、社会に向けられた自爆自殺的犯罪(9)」と特徴づけているが、事件をおこす前に彼が三度自殺を企てていることも、これと無関係ではない。

和辻は、ヤケクソないし自暴自棄というのは日本に特有の現象だという。考えてみれば、勝つはずもない太平洋戦争に無謀にも日本が突入していったのも、列強各国の経済的圧力などによって、モンスーン型の「受容性・忍従性」が突如「突発的・戦闘的」に反転したからである。いわばこのときに、日本は集団的な自暴自棄をおこし、キレてしまったのだ。その背後にあったのは空気の支配である。第2章で述べたように、この突然のキレ方が、おそらく近隣の諸国には理解されない日本人の薄気味悪さとして映るのだ。

もちろん西欧でも無差別大量殺人事件はおきる。たとえば、二〇一一年におきたノルウェーのオスロとウトヤ島の「ノルウェー連続テロ事件」は、世界に衝撃を与えた。オスロ政府庁舎の爆破と、当時政党の集会が開かれていたウトヤ島での銃乱射によって七十七人が殺害されたこの事件は、極右の思想をもった男性（三十二歳）がおこした一種の政治的な確信犯罪で、はっきりとした殺害の目的があり、ヤケクソないし自暴自棄の匂いはまったくしない。

アメリカでは、とくに高校や大学での銃乱射事件が頻発している。そのなかでも、三十二人が殺害された二〇〇七年の「バージニア工科大学銃乱射事件」がよく知られているが、犯人は大学在学中の韓国系の男子学生（二十三歳）で、事件直後自殺している。犯人は大学と学生に明確なウラミをもっていて、大学を襲ったのは学生や教員への「憎悪と復讐」という明確な目的があり、無差別に大学を狙ったものとはいえない[10]。だから、これも犯罪の動機としては、ヤケクソないし自暴自棄とはかなり違う。

第1章でふれたように、西欧社会には「どうしようもない」という意味での「しかたがない」というニュアンスの言葉がない。そういうふうに「あきらめ」の言葉を発することは、「負け犬」として完全に社会的な敗北を意味するからである。西欧では無差別大量殺人事件でも、日本のようにヤケクソや自暴自棄でおこすのではなく、いってみれば能動的にポジティブに実行する。断定はできないが、欧米でおきている無差別型の事件は、明確な目的や理由をもったものが多く、日本のような自暴自棄のヤケクソの匂いがほとんどしないのだ。

日本人はなぜ、こうしたヤケクソの心理に陥りやすいのか。それは、「世間」での「共通の時間意識」という人的関係のつながり方に由来している。この点について木村敏は、次のようにいっている。

西洋人は西洋の風土と同様に規則的・合理的にできているから、西洋での対人関係を維持するこつは、相手がいついかなる行動に出るかを予想し、自分がこう振舞えば相手はこう応じてくるという規則を身につけて、自分自身が規則的・合理的に行動するということに尽きる。自分と相手との間に遠すぎも近すぎもしない至適距離を保って、その隔《へだた》りの上で相手の動きを観察して自分の動きを定めていけばそれでよい。ところが日本人の間では、このような対人関係は成立しえないのである。

突発的な激変の可能性を含んだ予測不可能な対人関係においては、日本人が自然に対して示すのと同じように、自分を相手との関係の中へ投げ入れ、そこで相手の気の動きを肌で感じとって、それに対して臨機応変の出方をしなくてはならない。自分を相手にあずける、相手次第で自分の出方を変えるというのが、最も理にかなった行動様式となる。このようにして、日本人の人と人との間は或る意味では無限に近い、密着したものとなる。[11]

木村は西洋人の対人関係は予測可能だが、日本人では、相手の対応によって関係が突発的に激変するので予測不可能だという。もともと「世間」のなかでは、「共通の時間意識」によって個人が存在しないから、他人の意思にひきずられやすい。加藤元被告が自身のことを、「「自分」が無い人[12]」といっているのはこのことである。

意思決定が個人によってなされるのではなく、相手との関係に自分を投げ入れることによってなされるから、そのつど相手と対面してみないと、どういう意思決定になるかわからない。つまり、関係がきわめて突発的・流動的になる。じつはこの際の突発的行動のことを「キレる」と呼んでいるのだ。

西欧社会で、こうした突発的な人間関係にならないのは、「個人の時間意識」によって、そこに明確な個人が存在するから、どういう対人関係になるかがあらかじめ予測可能であり、関係のあり方によってしょっちゅう相手の態度が激変したりしないからだ。

この場合の個人とは、もちろんindividualたる近代的個人のことであって、明治期にヨーロッパから輸入しそこねたものである。これは日本が、近代を輸入しようとしたにもかかわらず、前近代の人的関係である「世間」が解体されなかったために、結果として近代を通過せずに後期近代に突入してしまったことを意味する。

つまりもともと「世間」のなかでは個人がいないために、キレたりヤケクソをおこしやすい土壌があったことになる。それが後期近代への突入による「世間」の「復活」によって、再度前景に露出してきたのだ。これが以前からあったヤケクソ型の犯罪が、一九九八年以降に目立つようになった理由である。

同時にヤケクソは、「しかたがない」という「あきらめ」と裏表の関係にある。第2章でふれたように、土井は二〇〇〇年あたりから、若者の間で「人生とは自らが努力によって切り拓いていくものではなく、むしろ自分の力の及ばないところで決まっているという感覚」、つまり「宿命主義」が広がっているという。もちろんこれは若者に限らない。「宿命主義」は、人々が将来の展望や希望を描くことを困難にし、人々の間に息苦しさや閉塞感を蔓延させる。

加藤元被告は掲示板に、「負け組は生まれながらにして負け組なのです　まずそれに気付きましょう　そして受け入れましょう」（二月二十七日）、「県内トップの進学校に入って、あとはずっとビリ　高校出てから八年、負けっぱなしの人生」（六月四日）と書き込んでいた。彼のヤケクソないし自暴自棄の根底には、「生まれながらにして負け組」という「宿命主義」的な人生観があった。すでに述べたように、もともと「世間」は「しかたがない」という同調圧力を強いてくる権力性をもっているが、「宿命主義」はその結果だといえる。

世間における尊重・敬意

この事件が特異なのは、加藤元被告が事件をおこす直前まで携帯サイトに大量の文章を書き込んでいたことである。また、事件のあとで三冊の著作を公刊して、事件の意味について考え続け、書き続けていることである。つまり自分の犯行について、異様なほど饒舌なのだ。

　事件の前にもあとにも、事件をおこした理由をこれほど書きつづっている犯行も珍しいのではないか。フーコーは、フランス語の「著者」を表す「auteur」という言葉が、同時に「犯人」を意味することに注目している。彼の言葉を借りれば、加藤元被告は「犯罪の犯行者《オートウール》であり、手記の著者《オートウール》」であり、「彼は物語＝殺害という機械装置を弾丸とし、同時に標的とする。彼はその装置の働きによって現実の殺人へと発射された(13)」のだ。

　ところで一般に、加藤元被告はコミュニケーション能力が不足し、友達ができないような人間で、孤立を深めた結果、事件をひきおこしたとされる。これに対して、浅野智彦は、こうした社会がストックしている「コミュニケーション能力が低く、親密な関係を築くことに失敗し、暴発した若者」というわかりやすい物語は、肝心な点を見失わせるという。

　というのも、彼は自分を不細工で誰からも相手にされない存在と感じていて、掲示板に吐露される彼の劣等感、孤独、絶望は、演技だというにはあまりに痛切である。しかしどうやら彼には親しい友人がいて、カラオケやマージャンを楽しんだり、悩みを打ち明けたりしていたからだ(14)。

　この点については、加藤元被告が事件をおこすまでの足跡を、取材によって丹念にたどった中島岳志も、「意外なことに、加藤は現実世界に思いのほか多くの友人がいた(15)」という。つまりコミュニケーション能力が低いからだという理由は大嘘であり、そのため友人もいないという理由も、かなりアヤシイことになる。

　だとすれば、彼の孤独の原因は、友人関係とは別のところにあると考えなければならない。浅野は、それを「公共性の領域における尊重・敬意」であるという。そして「尊重・敬意から遠ざけられているという絶望的な孤独は、決して親密性の領域においては癒すことができない。彼は、その孤独からの脱出口を求めてネットでのコミュニケーションに引きつけられていったのではないだろうか[16]」と指摘する。

ここで問題なのは、加藤元被告が現実の友人よりも、ネット上での関係のほうがホンネの関係と考えていたことである。中島はいう。

しかし、彼は現実の友人ではなく、ネット上の知り合いを「本音で繋がることができる関係」と捉えていた。現実の友人では、どうしても透明な関係を結べない。真の自分を承認してもらえない。しかし、ネット上で同じネタを共有できる仲間は、自己を真に承認してくれる相手に思えた。

――現実は「建前」で、掲示板は「本音[17]」。

加藤元被告は、派遣社員として仕事先が頻繁に変わったり、職場の人間関係のトラブルで、仙台、埼玉県、茨城県、青森、静岡県など各地を転々としていた。その結果、職場で得た関係でも長続きしていない。現実の関係ではホンネの関係を作れなかった。そのために携帯サイトの掲示板にのめり込んでいった。「2ちゃんねる」と携帯サイトの掲示板の違いについて、彼は「距離感」の違いだといい、「2ちゃんねる」が不特定多数であるのに対して、掲示板は特定少数のコミュニティーだと説明している[18]。

距離感が近く、ホンネでつながることができる掲示板での書き込みのなかで、しきりに「顔のせいで彼女ができない」とか、「自分は不細工である」として、モテないことを強調している。しかし浅野は、彼女がいないという孤立感や疎外感は、先ほどふれたように、「公共性の領域における尊重・敬意」のなさのほうにその根拠があるという。これはきわめて重要な指摘である。

ただここで注意しておかなければならないのは、浅野がいう公共性は日本には存在しないということだ。公共性という言葉は、明治期に public という言葉を翻訳した造語である。つまり江戸時代には公共性という概念はなかった。ヨーロッパでは public は、あくまでも社会に属する市民のつながりのことであって、場合によっては国家と対立する概念だが、日本語の公共は公共団体や公共事業というように、公的団体や国家と同じ意味で使われる。つまり、日本語の公共性と public は似て非なるものなのだ。

そのため、浅野がいう「公共性の領域における尊重・敬意」とは、「世間における尊重・敬意」と読み替えられなければならない。なぜなら、公共性は社会が生み出したものであって、社会が存在しない日本には公共性も存在しないからである。日本では、公共性に代わりうるものは「世間」しかない。

とすれば、加藤元被告が孤立に追い込まれた「世間における尊重・敬意」とは、いったい何か。

彼女がいない、ただこの一点で人生崩壊

掲示板への書き込みで加藤元被告はいう。「ぶっちゃけね、後輩に彼女ができたみたい　その幸せ自慢を毎日されてる　いい奴なんだけど、自分の中のどす黒い感情が抑えられない」「人生にはモテ期が三度あるらしいけど、俺のモテ期は小四、小五、小六だったみたいだ」「スポーツカーに女乗せてる奴が居た　事故ればいいのに」（六月四日）、「彼女がいれば仕事を辞める必要が無かったし　彼女がいれば車を売る必要も無かったし　彼女がいれば車のローンもちゃんと払ってるし　彼女がいれば夜逃げする必要も無かったし　彼女がいない、ただこの一点で人生崩壊　どんどんダメになってきた」（六月五日）

彼女がいない。加藤元被告は女性にモテないことが一切の不幸の原因だといっている。だがそれは一種のスリカエであって、じつは彼にとって本当に問題だったのは、彼女がいないこと自体ではなく、そのために「世間」による尊重・敬意がなかった、つまり「世間」からの承認を獲得できなかったということではないか。

そもそも、モテとはいったい何か。モテは、一見男女関係のことをさしているように見える。しかし、モテ服、モテ料理、モテ肌という言葉に表れているように、モテとは「誰からもちやほやされること」[19]であって、男女の間だけの問題ではない。だからモテないという言葉の裏には、男女関係でという意味以外に、まさに「世間」からちやほやされない、尊重や敬意が払われない、つまり承認を獲得できないという意味がある。

浅野は、大学食堂で一人でご飯を食べているところを他人に見られたくないのでトイレの個室で弁当を食べるという「便所メシ」を例にあげて（これは都市伝説にすぎない、という説もあるが）、次のようにいう。

自己の成り立ちは、したがって、二重の意味で関係に依存しているのであり、その分関係を求める気持ちはより切実に感じられることになるだろう。親しい相手との関係、そして親しい相手がいることを認めてくれる知り合いとの関係である。別の角度から言えばそれは承認の二重化でもある。親しい相手からの承認およびそのような承認を得ていること自体に対する承認というように。[20]

ここで浅野がいう「承認の二重化」ということでいえば、まず女性との関係での相手からの承認が必要である。しかし、それ以上に必要なのは、彼には彼女がいるということに対する知り合いからの、つまり「世間」からの承認である。「便所メシ」に走るのは、一緒に食べる友達がいないという以上に、「世間」から「一緒に食べる友達もいない可哀相なやつ」と見られるのがイヤだからだ。

加藤元被告にとっては、女性にモテないそのことよりも、そのせいで「世間」からの尊重・敬意を得られない、つまり承認を得られないことが重要だった。なぜなら「世間」からの承認こそが、「世間」で自分が「存在論的安心」を得るために、ゼッタイに必要なものだからだ。それがなければ人は、「世間」のなかで徹底的に孤立していく。

日本では誰しも、この「世間」からの承認に強迫されている。加藤元被告にとって自分がモテないことの理由として、自分には短大卒の学歴しかなく、いつクビになるかわからない派遣労働者で、顔も不細工であり、「世間」から尊重・敬意を払われていない、つまり「世間」から承認を得られていないからだという強い意識がある。

近年とくに、「世間」の側からの承認の圧力が強まっている。それは、一九九〇年代末以降の「世間」の「復活」によって、「世間」の同調圧力が強まっているからである。「便所メシ」はその極端な例だが、大なり小なり、そうした圧力はみんな感じているはずである。

加藤元被告は、社会との接点がなくなる社会的な死が恐怖だったといっている。それは「世間」から無視されることを意味するからだ。ネットにせよ現実の諸関係にせよ、彼がきわめて饒舌なのも、「世間」からの承認欲求の表れである。「世間」から尊重・敬意を払われないことが、つまり「世間」からの承認を得られないことが、なぜこれほどまでの孤独や絶望を引き寄せるのか。

「世間」は「共通の時間意識」で構成されているために、日本人は個人として立っていない。自己の存立基盤は、西欧社会のように個人にあるのではなく、「世間」の人的関係そのもののなかにある。加藤元被告が「「自分」が無い」といっているのは、個人がいないために「世間」のなかの他者に依存するしかないからだ。

同時に「世間」には「身分制」があるために、自己の存立の根拠は「世間」での身分のなかにある。「世間」のなかで自分がどういう位置を占め、自分がどういう身分にあるのかが、自分自身の

「存在論的安心」の基盤となっている。「世間」からどう承認されるかは、自分がどういう身分に所属しているかで決定される。

その意味で、加藤元被告の孤独や絶望は、「世間」での自分の身分が、「世間」の人々から尊重・敬意を払われていないと感じているところからきている。彼は自己評価が極端に低く、そこにプライドをもてなかったことが、事件の引き金になっているのだ。

とはいえ加藤元被告自身は、掲示板への書き込みはすべてネタであり、不細工もまたネタにすぎないとして、「本当に不細工な私には彼女はできないと思ったわけではありません」「そもそも私は、自分がどうしようもない不細工だとも思っていません」[21]といっている。つまり、ネット上の自分とリアルな自分は違うといっている。

しかし、「不細工スレ」というスレッドを立ち上げたころはそうだったかもしれないが、そのうち「自虐ネタの一部でしかなかった不細工キャラが固定化し、何を書くにも不細工キャラを使わなくてはいけなくなりました[22]」というように変化する。この点について中島はいう。

彼は「ベタ」な現実を「ネタ」化したが、一方で、その「ネタ」が「ベタ」な現実に跳ね返ってきた。現実のデフォルメを繰り返していると、虚実の境目が曖昧になっていった。すべてフィクションの「ネタ」であれば、「ネタ」の強度だけで楽しめただろう。現実と掲示板の書き込みを切り離し、ゲームのように楽しむことができただろう。しかし、彼は現実の延長上で「ネタ」を大量生産した。「ネタ」と「ベタ」は、どこまでも地続きだった。[23]

前に述べたように、加藤元被告にとって、現実はタテマエで、掲示板こそホンネの場所だった。彼にとって承認を得られる場所は、ネット上にしかなかった。不細工も当初はネタにすぎなかったのだが、いつしかそれはベタな現実と区別がつかなくなっていく。ネタなのかベタなのか本人にも区別がつかなくなっていく。

掲示板での次のような対話がある。女性「こんばんわ。アタシ中卒で、元カレもヤンか職人だった。でも今は大卒の超真面目なリーマンと付き合ってる。人生どう転ぶかわからないね」。加藤元被告は答える。「こんばんわ。やっぱり女性は学歴を気にするのですね。三流の短大卒の私にはチャンスはなさそうです。自分だけが取り残されています。そんな私の気持ちは誰にもわからないでしょう」（五月三十日）

彼は、学歴という身分にひどくこだわってムキになって反論している。学歴に対するこの「ねたみそねみひがみやっかみ」の意識は、すでにふれたように、「世間」に「共通の時間意識」に基づく「人間平等主義」と、一見それと矛盾する「身分制」があるために生じるものである。人間は「みんな同じ」で、自分はたまたま運が悪かっただけだという観念と、現実の身分との間の矛盾である。

つまりここには、「三流の短大卒」の彼にとっての「世間における尊重・敬意」が得られないという苛立ちがある。「世間」は「身分制」に満ちているところだから、「身分が低い」ということは、「世間」からの承認を得られないことを意味する。ここでは「三流の短大卒の私」はベタで彼の現実そのものであり、単なるネット上のネタではなくなっている。

身分ということでいえば、西欧社会にも階級と呼ばれる身分がある。たとえばイギリスは現在でもはっきりとした階級社会であり、労働者階級の人間は中産階級や上流階級の人間に、日本でのように、「ねたみそねみひがみやっかみ」の意識をもたないのかという疑問がわく。

林信吾によれば、イギリスには「ゼム・アンド・アス」という言い方があり、労働者階級は「彼らは彼ら、我々は我々で、それぞれ勝手にやればよい」と考えていて、基本的に彼らは独自の文化をもち、プライドをもって生きているという。(24) たしかにこうした意識があれば、日本のように身分の上下にこだわる必要はなくなる。

こう考えると、日本の「ねたみそねみひがみやっかみ」の意識の根深さが浮かび上がってくる。加藤元被告が望んでもついに得られなかったのが、「世間における尊重・敬意」による「世間」からの承認だった。だが、彼にとって本当に必要だったのは、この「ゼム・アンド・アス」というイギリスの労働者階級がもつ「プライド」ではなかったのか。

2　二〇一二―一三年：『黒子のバスケ』脅迫事件

殺人事件ではないので、事件としてはマイナーかもしれないが、時代を画するような重要な事件だと私は考えている。元被告はきわめて饒舌で、公判の冒頭意見陳述で自分の犯罪が「人生格差犯罪」であると宣言して注目を集めた。ところが最終意見陳述では、この冒頭意見陳述の内容を自ら撤回している。私はこの撤回の経緯のなかに、重要な問題が隠されていると思う。

こんなクソみたいな人生やってられるか!

二〇一二年十月十二日から一三年十二月十五日にかけて、マンガ『黒子のバスケ』(25)の作者を狙って、作者の出身大学である上智大学キャンパスに硫化水素を発生させる容器を置いたり、『黒子のバスケ』関連のイベントの開催を中止するよう脅迫状を送り実際に中止させたり、コンビニに農薬やニコチン入りの菓子を置いて、『黒子のバスケ』関連商品を置かないよう脅迫するなど一連の事件がおきた。

二〇一三年十二月に威力業務妨害罪で逮捕されたのは、当時フリーターの渡邊博史元被告(三十六歳)である。裁判は一四年三月に開始され、検察官の四年六カ月の求刑に対して、判決では求刑どおり四年六カ月の実刑が言い渡された(東京地裁二〇一四年〔平成二十六年〕八月二十一日判決)。法廷で彼は、一貫して反省も謝罪もしないと明言したので、「動機はまさに八つ当たりというほかなく、酌むべき点など一切ない」として、求刑どおりという異例の判決となった。反省も謝罪もない者には、「世間」の「ゆるし」が発動されず、情状酌量の余地はないのだ。さらに彼は九月に自ら控訴を取り下げ、実刑が確定した。

秋葉原事件の加藤元被告のように、彼もまたきわめて饒舌であった。彼は公判の冒頭意見陳述で、自分の犯罪は「「手に入れたくて手に入れられなかったもの」を全て持っている「黒子のバスケ」

の作者の藤巻忠俊氏のことを知り、人生があまりに違い過ぎると愕然とし、この巨大な相手にせめてもの一太刀を浴びせてやりたいと思ってしまったのです[26]」として、この犯罪類型を自ら「人生格差犯罪」と名づけている。

そして、「自分のように人間関係も社会的地位もなく、失うものが何もないから罪を犯すことに心理的抵抗のない人間を「無敵の人」とネットスラングでは表現します。これからの日本社会はこの「無敵の人」が増えこそすれ減りはしません。日本社会はこの「無敵の人」とどう向き合うべきかを真剣に考えるべきです[27]」と警告した。

彼は冒頭意見陳述の最後に、「こんなクソみたいな人生やってられるか！　とっとと死なせろ！」と絶叫したという。この「人生格差犯罪」と「無敵の人」という言葉をめぐって、ネットやメディアで「気持ちはわかる」「他人事とは思えない」と、多くの共感を呼んだ[28]。

すでに簡単にふれたが、一九九〇年代末以降の新自由主義の浸透と拡大によって、規制緩和・構造改革が徹底して進められ、とくに派遣など非正規雇用が拡大されて、中間層が解体されることで低所得層が増加し、社会的格差が拡大していった。正規・非正規雇用など社会的身分の格差が、目に見えて広がっている。いまや日本は、アメリカに次いで世界第二位の格差社会になっているといわれる。

この格差社会の最大の問題は、労働市場が流動性をなくし、下層にいる人間がいくら努力しても上層に這い上がることができなくなっていることである。しかも職場では成果主義が導入され、そこで強調されるようになったのは、「貧乏なのは働かないお前が悪い」という「自己責任論」である。これは、「自分がいくら努力してもどうにもならない」「人生は生まれながらに決定している」という、ある種絶望的な「宿命主義」を生み出している。

前に述べたように、「世間」には「身分制」と「人間平等主義」があるために、隣のリッチな他人と自分を比較し、「なんであいつだけが」という意識、つまり「ねたみそねみひがみやっかみ」意識が生まれる。とくに一九九〇年代末以降の「世間」の「復活」によって、「世間」のルールが肥大化し、同調圧力が増し、この意識がますます強まっている。

一九七〇年代半ばまでのように、中間所得層が厚く「一億総中流」といわれた時代には、格差がそれほど目立たなかったので、「ねたみそねみひがみやっかみ」の意識はそれほど大きな問題にはならなかった。ところが本格的な格差社会に突入した九〇年代末以降、年収や住居やクルマや服の違いといったように、格差が誰の目にもあからさまにわかるようになり、この意識が肥大化していった。

「人生格差犯罪」という点でいえば、彼は「年収が二百万円を超えたことは一度もありません。月収が二十万円を超えたことも数回しかないです(29)」という、ほとんど最下層のフリーターだった。そのため、彼は「人生格差」の象徴である『黒子のバスケ』の作者をねたんだあげく犯罪に及んだ、という動機は、たしかに「世間」にとってわかりやすいものだった。彼はネット上で「アニオタ〔アニメが好きなオタク:引用者注〕のスーパー嫉妬人(30)」と呼ばれたらしいが、まさに作者へのねたみが犯罪の動機であるとされた。

また「無敵の人」という点では、「自分の人生は汚くて醜くて無残であると感じていました。それは挽回の可能性が全くないとも認識していました。そして自殺という手段をもって社会から退場したいと思っていました[31]」と語っていて、人生に挽回の可能性はまったくなく、命も惜しくないし、失うものは何もないから「無敵の人」だと説明している。

気になるのは、秋葉原事件の加藤元被告は、事件をおこす前に、三度の自殺を企図して失敗しているが、彼もまた小学一年生のときに、同級生のひどいいじめから逃れるために自殺を考えていることだ。それ以来自殺念慮が消えず、二十歳のころには鎮痛剤を飲んで実際に自殺未遂をしている。冒頭意見陳述のなかでも、服役を終えて出所したら「できるだけ人に迷惑をかけない方法で自殺します[32]」と明言している。

無差別殺傷事件についての法務総合研究所の研究報告によれば、二〇〇〇年三月からの十年間に判決が確定した元被告五十二人のうち、犯行前に自殺を図っていた者が二十三人で、全体の四四・二パーセントになるという。その理由は、「人生が思いどおりにならない」「所持金が尽きて生活が行き詰まり八方塞がり」「引きこもり生活で何もかも嫌になった[33]」などだという。

つまりヤケクソ型犯罪の根底には、かなりの割合で自殺念慮がある。すでに述べたように、日本は先進工業国のなかでは犯罪率はもっとも低いが、自殺率はもっとも高い。アメリカなどは犯罪率は高いが、自殺率は低い。「世間」のルールによる自己抑制がきわめて強いために、攻撃対象が他者より自己に向かいやすいのである。ヤケクソ型犯罪は通常自己へ向かう攻撃性のベクトルが、たまたま他者に向いたといってもいい。

彼は最終意見陳述で、同じ自暴自棄型の犯罪である秋葉原事件の動機についてふれ、「加藤被告は人を殺したかったのではなく「不細工スレの主」というキャラを守り、社会とつながる糸を維持して心穏やかな生活を取り戻したかっただけなのだと自分には推察されます」と語っている。

そして、自分の事件が殺人にならなかった理由を、次のように説明している。

はっきり申し上げますが、自分の罪名が殺人にならなかったのは運だけで決まりました。（略）車好きの加藤被告の頭に浮かんだことが、たまたま秋葉原にトラックで特攻するという手段だっただけであり、硫化水素による自殺を計画したことがある自分の頭に浮かんだことが、たまたま上智大学に硫化水素をばらまくという手段だっただけなのです。加藤被告と自分との違いは、たまたまその瞬間に思いついたことが違っただけにすぎません。(34)

彼は自分の事件が、秋葉原のように殺人事件にならなかったのは、「運」にすぎないという。そこにたまたまあったものによって、事件の内容が決定される。たぶんこれが実感なのだろうと思う。ヤケクソ型犯罪はつねに、自殺へと引き寄せられるベクトルをもっている。犯罪に至るか自殺に至るかは偶然の必然の産物、すなわち、一見偶然に見えてもきっとどこかで必然である。スーッとそこへいってしまう。事件をひきおこしても、それが殺人になるか威力業務妨害になるかも、おそらく偶然の必然の産物である。

彼が語った「人生格差犯罪」「無敵の人」という言葉は、格差社会の拡大と結び付けられてメディアでも広く取り上げられ、流行語になっていく。ところが驚いたことに、彼はこれを含む冒頭意見陳述を、最終意見陳述のなかで撤回する。いったい何があったのか。

社会的存在になれなかった異邦人

「人生格差犯罪」と「無敵の人」という冒頭意見陳述の主張を、渡邊元被告はなぜ撤回したのか。きっかけになったのは、香山リカが人を介して差し入れた、「被虐うつ」に関する高橋和巳の『消えたい[35]』という本だった。

彼は最終意見陳述のなかで、「自分はこの本を読んで、小学校に入学していじめられて自殺を考えてからの約三十年間に、自分がどのような人生を送ってしまったのかを全て理解できました。自分が事件を起こしてしまった本当の動機も把握できました」と語っている。そして、この本を読んだことで「自分の人生が再スタートしたという感じ[36]」とまでいっている。

何がおきたのか。彼は高橋がいう「被虐うつ」が、まさに自分のことだと腑に落ちたのだ。これは、子ども時代に虐待を受けた大人が発症する特殊なうつ病のことであり、高橋は、ある「被虐うつ」の患者の症状を次のように説明する。

過労状態、重篤な心身の疲弊状態があって、慢性疲労と重いうつ病との混在のような状態だと思います。普通のうつ病より重篤です。

それから緊張と不安がとても強い。これは小さい頃からの虐待の影響だと思います。重症の不安障害と対人恐怖、正式には『社会恐怖』と言いますが、それがあると思います[37]。

ここにあるように、「心身の疲弊状態」「慢性疲労」「緊張と不安」「不安障害」「対人恐怖」「社会恐怖」などが「被虐うつ」の症状だという。このような症状が、大人になってから表れる。いったいなぜ子どものときの被虐体験が、のちにこのような症状として表れるのか。

高橋は、自分が存在していることを人が疑わないのは、人とのつながりのなかである役割を果たしているからで、それを「社会的存在」と呼ぶ。この「社会的存在」になるためには、人と同じ感情をもっているという安心感である「感情の共有」と、共通のルールをもちお互いにそれを守っているという安心感である「規範の共有」がなければならない、という。

この感情と規範の共有に決定的な役割を果たすのが、第一段階の乳幼児期では、母（か、それに代わる少なくとも一人の養育者）との愛着関係である。家族のなかで、とくに「感情の共有」がなされれば安心が定着する。虐待を受けていたりすれば、安心感をもつことができない。

第二段階の思春期では、第一段階で親にいわれるままに「社会的存在」を引き受けてきたことが問われる。これが反抗期である。役割の再検討がおこなわれ、アイデンティティーが確立される。その結果、愛着関係のなかで共有された感情が、一般的な人に対する信頼感に変わっていく。そのことで社会規範が内面化されることになる。(38)

ところが虐待やいじめを受けると、「感情の共有」や「規範の共有」が形成されず、安心感をもてないためにいつも緊張にさらされる。その結果、自分の喜怒哀楽を外に出すことができなくなり、何が「楽しみ」なのかわからなくなる。また、自分が自分であるという確実性がないために、「離人症」になったり「現実喪失感」をもつ。その結果、対人恐怖になったり、社会規範の内面化がうまくできなくなったりする。

そうした「社会的存在になれなかった被虐待者」を、高橋は「例えて言えば、彼らは別の星で生まれ育ち、地球で生活するためにやってきた。社会のルールを詳しく教え込まれたが、心の交流の仕方がまだ分からないので不安で孤立している」という意味で、親しみを込めて「異邦人」[39]と呼ぶ。

渡邊元被告は、高橋がいう「社会的存在」の対極にある存在を「生ける屍」と呼んでいる。そして、この「生ける屍」の特徴を次のように列挙する。

・自分の存在感が希薄なので、自分の感情や意思や希望を持てず、自分の人生に関心が持てない。
・対価のない義務感に追われ疲れ果てている。
・親の保護を経ての自立ができない。代わりに生まれた時から孤立している。
・常に虚しさを抱え、心から喜んだり楽しんだりできない。
・根拠のない自責の念や自罰感情を強く持っている。[40]

もちろんこれは、彼自身のことをさしていっている。彼の自暴自棄のヤケクソや自殺念慮は、この「被虐うつ」からきていることがわかる。また彼が自身の犯罪を「欲望欠如型犯罪」と称しているのも、人生に関心がもてないというところに依拠していることがわかる。

ヒロフミのくせに生意気だ

「被虐うつ」は、親からの心理的ネグレクトを含めた虐待を受けて発症する。彼の親との愛着関係は、「マンガ、アニメ、ゲームは基本的に全面禁止でした。両親は「マンガ、アニメ、ゲームは罪悪である」という意識を自分に刷り込もうとしていたようでした[41]」というように、基本的にはふつうの家庭なら認められるようなものも、厳しく禁止されるというしつけに象徴される。

これは、加藤元被告の場合も同じだったようで、母親のしつけについて、実弟が次のように証言している。「食事の途中で母が突然アレ〔加藤元被告のこと：引用者注〕に激昂し、廊下に新聞紙を敷き始め、その上にご飯や味噌汁などその日の食事を全部ばらまいて、「そこで食べなさい！」と言い放ったんです。アレは泣きながら新聞紙の上に積まれた食事を食べていました[42]」

母親のしつけの厳しさについてよく引用されるエピソードだが、彼女は加藤元被告の食事が終わるのが遅く、後片付けができないのでキレたらしい[43]。厳しいしつけだといえばそうだし、自分中心的といえばそのようにもいえる。

渡邉元被告は、高校の学食を利用するためにいちばん高いメニューの代金三百八十円をもらっていたが、二百円チョロまかして、いちばん安い百八十円のうどんを食べていたことが母親にバレて、次のようにいわれたという。

母親から「お前にちゃんと食べてもらいたいからじゃないの。『あの家はお父さんが亡くなってから食費にも困っているのね』とうどんをするお前を見た人に思われたくないからなの」と言われました。それから母親は昼食代として百八十円しか出してくれなくなりました。自分は昼食を抜いて百八十円をチョロまかすようになりました。[44]

彼の母親が気にしたのはまさに「世間体」であって、じつは大なり小なり日本の家庭でみられる光景ではある。だが、よく考えてみる必要がある。ここでは、息子への気遣いや愛情よりも「世間体」のほうが優先されているのだ。彼は、虐待のもともとの意味が、英語の abuse（乱用）からきていることを指摘し、家族の虐待の本質は「両親が自身の欲望の充足のために子供を乱用する」、すなわち「子供乱用」[45]にあるという。彼は、母親の祖父母への復讐欲求を満たすために、自分が乱用されたと主張している。つまり子どもは愛情の対象というよりも、なんらかの目的のための手段になっている。

彼自身はこれについて、「自分は両親から虐待を受けたとは思っていません。しかし考えてもみれば、変わったしつけを受けたとは思っています」[46]という。しかし考えてもみれば、「この程度のこと」だったら、日本のあちこちの家族でありそうな気がする。

第1章で述べたように、日本の親子関係は個人と個人との関係にならないために、ベタベタの関係になると同時に、支配―服従の一方的関係になりやすい。また、家族は、歴史的に〈対幻想〉という愛情原理をもとにした近代家族になりそこねたために、「世間」という〈共同幻想〉の侵食を受けやすい。

親が子どもをしつけるときに、呪文のように唱えられる「世間体が悪い」という言葉は、子どもに対する愛情よりも「世間」のルールが優先されていることを示している。家族が〈共同幻想〉としての「世間」に開かれているために、愛情原理が育ちにくいのだ。だから場合によっては、子どもは親の「世間体」を満たすための手段になる。

彼の場合、それにひどいいじめが加わった。小学校で受けたいじめについて、渡邊元被告はいう。

そのまま小学校に進学して物凄くいじめられました。これは「感情の共有」が上手く行っていなかった自分の変な子ぶりが招いた事態だったと今にして思います。当時は原因も分からず、ひたすらつらいだけでした。両親に助けを求めましたが、基本的には放置されました。担任教師も状況を知りながら、何もしてくれませんでした。[47]

彼は小学校や塾で、同級生や教師からの徹底したいじめにあう。とくにひどいと思うのは、いじめっ子たちから「ヒロフミ」と呼ばれ、「ヒロフミのくせに生意気だ」「ヒロフミの分際で調子に乗るな」などと罵倒され続けたことである。そのため彼は、「自分は『ヒロフミ』であるから人権がないんだ」とか「自分は最下層身分のさらに下の『ヒロフミ』という身分なんだ[48]」という自己理解に至ったという。

第1章で簡単にふれたが、私は日本では一九八〇年代後半あたりから、子どもが「小さな大人」になることによって、大人の「世間」をなぞった「プチ世間」を作るようになったと考えている。[49]

それ以前には、大人の世界とは相対的に独自のルールをもっていた子どもの世界が解体し、子どももまた、大人と同様の「世間」のルールに縛られるようになった。背景にあったのは、高度資本主義＝高度消費社会の成立である。その意味で、現在の子どものグループ内でのいじめは、「世間」をそのままなぞっているといっていい。

日本特有のいじめである「何もしないいじめ」（無視）について、鴻上はいう。

ヨーロッパでもアメリカでも、「いじめ」はありますが、クラス全体が一致して、「何もしない」ということはありえません。Aという人がいれば、Aをいじめる人がいて、普通に会話する人がいて、まったく関心のない人がいる。それだけのことです。

欧米人には、この「クラス全体が一致して」という部分が、理解できません。説明を続けて、ようやく、「例えば、スラム出身などの凶悪な人間たちが偶然、同じ教室に集まったのか」とクラスが一致しやすい場合を想像しても、その集まった人たちが全員で「何もしない」のだと説明すると、まったく、理解不能の顔を見せるのです。

欧米では、一部の人が無視するいじめを続けても、他の人間が話しかけます。クラス全体が一致して、一人の人間を無視する行為は、欧米人にどう説明しても理解されないのです。[50]

「世間」には「みんな同じ」という「共通の時間意識」があるために、まわりと違う渡邊元被告のような「変な子」は、「プチ世間」から排除される。individual たる個人が存在しないために、匿名のいじめである「無視」がおきやすい。また、いじめに加わらなければ今度は自分がいじめられるので、いじめはクラス全体が一致しておこなう。欧米でそうならないのは、日本のように「共通の時間意識」がないからである。

さらに「身分制」のルールがあるために、スクールカーストのような身分に基づく差別やいじめがおきやすい。渡邊元被告が、「ヒロフミ」とは「最下層身分のさらに下」の身分だといっているのは、学校のクラスのなかで、「身分制」というルールが確固として存在しているからだ。彼はいじめを通じて、自分がこうした身分の最底辺にいることを自覚せざるをえなかった。これによって、対人恐怖や対社会恐怖は「極限まで悪化[51]」することになった。

「埒外の民」の反乱

渡邊元被告は自ら「ホテル東拘イン」と名づけた東京拘置所のなかで、自分におきたことが、まさに「被虐うつ」によるものであることに気づいた。その結果、最終意見陳述で冒頭意見陳述を否定し、とくに「人生格差犯罪」と「無敵の人」という二つの言葉を撤回した。

「人生格差犯罪」を撤回する理由を、彼は次のように説明している。

> 自分は必要に迫られて、娑婆にいた頃に多少の関心があった格差社会論に影響された俗耳に入りやすい筋立てに基づく動機を気がついた時には既に供述してしまっていました。さらに取り調べでその動機（仮）を供述している内に、自分でその動機（仮）を信じ込んでしまってい

ました。その間違った思い込みの集大成が自己憐憫に埋もれた初公判での冒頭意見陳述でした。[52]

「世間」は動機不明の事件がおきたときに、動機について「わかりやすい物語」を求める。それが得られなければ、事件によって棄損された「世間」の共同感情が元に戻らず、事件防止の手だても失うので、「世間」は枕を高くして眠ることができない。その物語が、「主動機→「黒子のバスケ」の作者氏の成功への妬み　背景要因→格差と貧困、夢に敗れた人間のその後[53]」だというわけだ。

彼はいう。「自分は自分のことを負け組と認識していましたが、自分は負け組ですらありませんでした。ですからこの発言には当事者性が全くありません[54]」と。だから「人生格差犯罪」を撤回するというのだが、ここで特徴的なのは、「負け組ですらない」、つまり自分は「負け組」以下でしかないという彼の自己認識である。

さらに「無敵の人」を撤回する理由として、これがキャッチーなコピーとして一気にメディアで広がったことに対する違和感を述べ、「犯罪の分析には個別具体的な検証が必要不可欠なはずです。その作業をサボタージュできる便利なキーワードとして「無敵の人」が濫用されることを自分は本気で危惧しています」という。つまり「無敵の人」という言葉は結果であって、大した意味はないというのだ。[55]

問題は、「負け組」以下でしかないという彼の自己認識である。彼は、「努力教信者」とその反対概念である「埒外の民」という言葉を造語する。「努力教信者」とは、いまや「国教」として日本人が無意識裡にもっている、「この世のあらゆる出来事と結果は全て当人の努力の総量のみに帰する」[56]という考え方である。

いうまでもないが、第2章で述べたように、日本では一九九〇年代末以降の新自由主義の浸透と拡大によって「保守化」が進み、「貧乏なのは働かないお前が悪い」という「自己責任論」が席巻する。彼が「努力教」といっているのは、この「自己責任論」のことである。彼によれば、「勝ち組」は当然「努力教信者」だが、「負け組」もまた「努力すれば報われる」という世界観に立つ以上、「努力教信者」である。

ところがそれ以外に、「努力するという発想がなかった人間」がいて、それが「埒外の民」だという。なぜそうなるのか。「生ける屍」になると自分の存在感が希薄になってしまうために、自分の人生に興味がもてず、初めから報われる可能性がないと考えて、努力することさえ思いつかないからだ。つまり自分は「埒外」であるとして、あらかじめ人生を「あきらめ」ているのだ。「負け組」以下だという彼の自己認識はここからくる。[57]

もちろん、「埒外の民」とは渡邊元被告自身のことである。彼は『黒子のバスケ』の作者を狙った真の理由を、「この世の大多数を占める「夢を持って努力ができた普通の人たち」が羨ましく、「夢を持って努力ができた普通の人たち」の代表として「黒子のバスケ」の作者氏を標的にした」[58]という。つまり「努力教信者」の代表として作者は狙われた。彼は「自分は標的を間違えなかった」[59]とあえて語り、法廷では事件について反省も謝罪もしていない。「埒外の民」としての彼にとって『黒子のバスケ』の作者は、まさに「努力教信者」そのものを象徴する存在だったのだ。

ここまで彼の議論を追ってくると、彼の標的は明らかに、「努力教」に侵されている「世間」そのものだったという気がしてくる。彼の「生ける屍」「埒外の民」としての「力が抜けた」状態がなんとなくわかる気がするのは、私も青春の一時期だったが「なーんにもやる気がしない」という、ひどく「力が抜ける」経験をしたことがあったからだ。そのとき、彼と同じように、赤面恐怖、醜貌恐怖、視線恐怖などの「対人恐怖」に陥ったのだが、これが外国にはない日本の「世間」特有の精神症状であることを知ったのは、だいぶあとのことだった[60]。

なお彼はこれ以外に、人や社会や地域とつながっている「キズナマン」と、それらとのつながりがない「浮遊霊」という言葉を造語している。基本的には、社会的存在／生ける屍、努力教信者／埒外の民との対比と同じ構図だが、自分は人や社会や地域とつながる糸がないか、切れてしまっている「浮遊霊」だとしている[61]。

先ほどふれたように、高橋はここでいう「生きる屍」や「埒外の民」や「浮遊霊」のことを異邦人と呼んでいる。普通の人は心理カプセルの内側の「普通の世界」に住んでいるが、異邦人はその外側の「辺縁の世界」に住んでいるという。そしてこの異邦人のあり方について、次のようにいう。

いかに生きるべきかを考える前に、生きているのかどうか、を疑ってしまう。だから、異邦人が、普通の人が熱心に人生を論じているのを聞くと、どうしてそんなに夢中になれるのだろうと不思議な距離を感じてしまうようだ。うらやましいと思ったり、ずるいと思ったり、なんでと不安に思ったり、へぇーっ？　と気持ちが引けてしまう。その距離感は彼らの存在の不安定性を表しているが、しかし、逆の言い方をすれば、辺縁の世界から見ると、みんなが信じている社会的存在がそれほどまでに絶対なのかと醒めた目で眺めているようでもある。

彼らには社会的存在の限界が見えているのかもしれない。(62)

おそらく渡邊元被告はこういう存在である。「世間」の反発を買った彼の冷静さや饒舌さも、「社会的存在の限界が見えている」せいなのだろう。彼が反省も謝罪もしないのは、「世間」を醒めた目で見ているからであって、「真摯な反省と謝罪」が「世間」のもっている物語にすぎないからだ。さらに高橋は、「「世間」というのはもともと仏教用語で、「出世間」とは社会から離れて悟りを得る意味であるという。被虐者はもともと半分は「出世間」に生きているようなものだった」(63)という。きわめて興味深い指摘である。

私の言葉でいえば、「社会的存在」も「努力教信者」も、「存在論的安心」を得られる〈世間―内―存在〉だが、「生ける屍」も「埒外の民」も、そこでは「存在論的安心」を得られない〈世間―外―存在〉である。「出世間」とは、まさに〈世間―外―存在〉になるということであり、高橋がいう「半分は「出世間」に生きている」ということは、〈世間―間―存在〉になるということである。(64)

通常日本人は「世間を離れては生きていけない」と固く信じているために、「世間」から排除され、〈世間―外―存在〉になることを極端に恐れている。しかし渡邊元被告は、「被虐うつ」の状態が長く続いたために、あらかじめの〈世間―外―存在〉を生きてきた。彼がもつ脱力感や「あきらめ」の感情は、自分はこの〈世間―内―存在〉にはなりえないという絶望感からきている。そして、そのことに気づいたのが、一連の事件をおこしたあと、一冊の本を読んだからだった。

冒頭でふれたように、私は、日本では「世間」のチカラの巨大さ・強固さ・執拗さによって、全共闘にせよ、暴走族にせよ、ヤンキーにせよ、ロック少年にせよ、ありとあらゆる若者の反抗や反逆や反乱は、結局のところ「世間」という日常的な秩序に回収されていくといった。現下におきているのは、あらゆる反抗や反逆や反乱を真綿で首を締めるように抑圧してくる、「世間」の圧倒的な同調圧力の肥大化である。

こう考えると、彼にとって一連の『黒子のバスケ』事件をひきおこすことは、いわば「埒外の民」による「努力教信者」に対する反乱、という意味があったと思える。もちろん「努力教信者」とは「世間」の比喩である。おそらく、彼が「世間」への反乱という意味をもつこの事件を完遂できたのは、彼が〈世間―外―存在〉であり、「埒外の民」だったためである。そして、事件をおこし逮捕され、一冊の本との出合いがあり、この反乱の真の意味を考え、法廷で発言し、本を出すという、この一連の表現過程の言説化こそ、彼自身の「人生の物語」を奪還するためにどうしても必要なことだったのだと思える。

3　二〇一四年：佐世保高一女子同級生殺害事件

「人を殺してみたい」という言葉で有名になった事件で、最近はこうした事件がよくおきる。この不可解な動機の背景にあるのは、「世間」から承認されたいという欲求ではないか。そう考えると、見えない糸が見えてくる。

人を殺してみたい／人を殺したい

二〇一四年七月二十六日に長崎県佐世保市で、高校一年生の少女A子（十五歳）が、一人暮らしをしていた自宅マンションで、友人の少女B子（十五歳）を鈍器で殴り、犬のリードで首を絞めて殺害し、遺体の左手首と頭を切り離し、さらに腹部を切り裂くという衝撃的な事件をおこした。A子は「人を殺してみたかった。遺体をバラバラにしてみたかった」と語ったという。父親（五十三歳）は地元では著名な弁護士で、家は裕福であり、また両親とも教育熱心で、本人の学校での成績も優秀だったために、この奇妙な事件の動機に「世間」は大騒ぎになった。

その後明らかになったのは、A子は、小学六年生のときに、漂白剤と洗剤を混ぜた液体を給食に混入する事件をおこし、学校で大きな問題になったことである。また、事件前の三月二日には、就寝中の父親の頭を金属バットで殴打し、頭蓋骨骨折の大ケガをさせるという事件をおこしている。このときには事情を聞いた関係教職員に、過去の少年犯罪について詳しく調べていることも口にして、「人を殺してみたかったので、父親でなくてもよかった、関係教職員でもいい」と語ったという。

A子の実母は二〇一三年十月に病気で急死しているが、A子は「生前の実母を殺そうと思ったが思いとどまった」と、お手伝いの女性に打ち明けている。A子は猫を殺していたが、事件直前の七月二十三日に、継母の「猫で満足できずに、攻撃の対象が人に向かうのではないか」との問いに、「猫より人間のほうが興奮する、楽しい」と答えている。また取り調べでは、「猫を解剖したが、満足できなかった。人を殺して解剖してみたかった」と供述しているという。[65]

この事件では、父親は加害者の家族であるとともに、殴打事件の被害者でもあった。だが、A子に一人暮らしをさせていたことや、実母の死後わずか半年で二十歳年下の女性と再婚したことなどが「世間」から非難され、追いつめられた末に二〇一四年十月に自殺している。

この点では、秋葉原事件の加藤元被告の実弟も同じで、事件後「世間」からの非難にさらされ、職を失い、マスコミに追われ、職と住居を転々とした。彼には恋人がいたのだが、交際には反対しなかった彼女の親から結婚に反対され、結局二〇一四年二月に自殺している。[66]第2章で述べたように、これは、現在でも加害者家族がいかにひどい「世間」のバッシングにさらされるか、ということを示している。

ともあれ、A子の「人を殺してみたい」という意思は、その対象は母親でも、父親でも、B子でも、「誰でもよかった」ということだが、奇妙なほどに明確かつ確定的である。「誰でもよかった」という点では、無差別型犯罪と似ているところもあるが、殺害そのものや死体の解剖が目的という点では、ヤケクソ型犯罪とは明らかに異なる。

「人を殺してみたい」。こうした奇妙な動機ですぐに思い出されるのは、二〇〇〇年五月一日におきた「豊川市主婦殺害事件」である。この事件は、愛知県豊川市で高校三年の男子生徒（十七歳）が、たまたま通りかかった家に侵入し、女性（六十八歳）を金槌で殴打し、包丁で刺して殺害したものである。逮捕後にこの高校生は、犯罪の動機として「殺人の体験をしてみたかった（人を殺してみたかった）」と供述し、メディアで注目された。

少年は、学校ではソフトテニス部に所属し、成績も優秀だった。それに対して犯罪の動機があまりに奇妙なものだったために、二回の精神鑑定が実施された。検察側の請求による一回目の鑑定では、「殺人犯になってみたいという願いに基づく『殺人のための殺人』あるいは『退屈からの殺人』というしかない」として、「分裂病質人格障害か高度の分裂気質者」だが、「行為障害や反社会性人格障害はない」とした。

弁護側が請求した二回目の鑑定では、「高機能広汎性発達障害（あるいはアスペルガー症候群）」であるとされ、家庭裁判所の審判ではこの見解がそのまま取り入れられ、「本件非行時、前記疾患に特有な症状である共感性の欠如、異様なまでのこだわり、想像力の欠如などによって、理非善悪を区別する能力が著しく減退した心神耗弱の状況にあった[67]」として、医療少年院送致の保護処分が決定された。

「人を殺してみたい」。二〇一四年十二月七日に名古屋市でおきた「女子学生殺人事件」でも、女子学生（十九歳）が宗教の勧誘にきた女性（七十七歳）を、自分のアパートで頭をおので殴打して殺害した。彼女は一五年一月に殺人容疑で逮捕されたが、このときも「人を殺してみたかった」と同じ言葉が語られている。

この表現で私が不思議に思うのは、これがなぜ「人を殺してみたい」であって、「人を殺したい」ではないのか、ということである。「人を殺してみたい」と「人を殺したい」では、明らかに意味が違う。

すなわち、「人を殺してみたい」には、いわば世界と自分との間に一枚の膜があって、間接的なニュアンスがある。豊川市の事件で、これと同じ意味で「殺人の体験をしてみたかった」といっているのは、あくまでも「体験」をしたいのであって、直接「殺人をしたい」ということとは違う。おそらく「体験」と表現することで、どこか世界が自分から遠く隔たったもののように感じているのだ。言い換えれば、ここでは身体性が希薄である。

ところが「人を殺したい」では、世界と自分とを隔てる膜のようなものはなく、対象との関係は直接的である。そこには「体験」という言葉に象徴されるような、世界と自分との間のワンクッションが存在しない。言い換えれば、ここには生身の身体性が濃密にある。どうでもいいような、細かいことにこだわっているように思えるかもしれない。だが、この違いは決定的である。

松本孝幸はその表現論のなかで、現代という時代はテレビの普及によって、ゲオルク・ヴィルヘルム・フリードリヒ・ヘーゲル流の直接的な「現実的体験」だけでない、「体験の二重化」がおきているという。

現代の表現を代表する媒体であるテレビを考えてみよう。テレビを見ている時、ヘーゲルの言うように、「われわれ自身がその事柄に接してい」るだろうか？　「接する」事はありえない。僕たちは、テレビを見ている間、個別的具体的身体を抜け出して、観念的身体としてテレビの映像と音声の中で、あたかも現実に体験しているかのように、体験しているのである。そのために、テレビの〈表現〉が高度になればなる程、見ている個人は実際の〈自分自身〉から遠ざかってゆくことになる。これは、「良い」とか「悪い」とか、善悪の問題ではない。人類史の自然水準からの不可避的高度化ということだ(68)。

松本はヘーゲルの時代には、直接的な体験としての「現実的体験（自然的身体としての体験）」しかなかったという。しかし、現代はヘーゲルの時代とは異なって、テレビのなかの体験のような「作為的体験（観念的身体としての体験）」もまた、体験と考えなければならないという。つまり体験は、「現実的体験」と「作為的体験」に二重化している。

その背景にあったのは、松本がいう「人類史の自然水準からの不可避的高度化」、すなわち一九八〇年代に本格化した、日本の高度資本主義＝高度消費社会への突入である。これは、近代に成立したヘーゲル流の体験の概念が、ポスト近代という時代に書き換えられたことを意味する。「自然的身体」に限定された狭い体験の概念から、「観念的身体」を含む広い概念に拡張されたといってもいい。

一九八八年という本の執筆当時、松本の念頭にあったのは、電話やテレビなどの電子メディアの普及だが、いうまでもなく現在では、九〇年代後半以降のパソコンやガラケーやスマートフォンなどインターネットの爆発的普及によって、ネット上の「作為的体験」もまた体験になったということになる。つまり、リアルな世界の身体性をともなった体験も、ネットの上での身体性をともなわない体験も、権利上同じ体験と呼べるものになった。

ただここで決定的に問題なのは、リアルな世界での体験が、包丁で刺せば血は流れるし、相手の体温も感じるし、返り血も浴びるという直接性・身体性をもつ体験であるのに対して、ネット上での体験は、そうした直接性・身体性をもたない点である。とくに「ＬＩＮＥ」や掲示板や「Facebook」などのネット上での関係は、身体性をともなわないまったく言葉だけの関係である。

ところがネットの世界が日常的に拡大するにつれて、リアルな世界とネットの世界の相互乗り入れが実現し、土井がいうように、リアルとネットの間が「メビウスの輪[69]」のようにつながっていった。つまり、リアルもネットも「現実的体験」になった。

その結果おきたことは、ネットでの「作為的体験」の、リアルな世界の直接的な「現実的体験」への混入である。これによって、世界が薄い膜を隔てたところにあるという感覚が生まれた。そこでは、本来の直接性・身体性を得ることが難しくなっている。

つまり、「人を殺したい」といわずに「人を殺してみたい（人を殺す体験をしたい）」というのは、リアルな直接的体験であるはずのものに、身体性をともなわない「作為的体験」が混入しているからということになる。そうした世界で、真のリアリティーを求めようとすれば、すべてのものは薄皮一枚膜を隔てて存在しているように思え、その獲得は困難をきわめる。

なぜそれが「人を殺す」というところに向かうかといえば、そこで最終的にリアリティーの根拠になるのが、「死」あるいは「死体」、つまり身体性そのものしか残っていないからだ。リアルとネットが「メビウスの輪」のように絡まった世界では、リアルな現実的感覚をもちにくく、そこで圧倒的なリアリティーを求めようとすれば、身体性そのものといえる「死」や「死体」に行き着く。

だから私には、A子や豊川の高校生が「体験」したかったのは、この「作為的体験」が混入した現実の世界で、圧倒的にリアルなものとしての「死」や「死体」に関わることだと思える。つまりかれらが欲しかったのは、「死」や「死体」がもつ「圧倒的なリアリティー」だった。

「生きている」というヒリヒリした実感

なぜこれほどまでに、少年たちの間で「死」や「死体」に興味が向かうようになったのか。それは端的にいって、いま「死」が徹底的に隠されているからである。

新聞記者の福岡賢正は、それまでほとんど注目されたことがない、捨てられた犬や猫の処分場、ニワトリの食肉処理場、豚や牛の屠畜場、自殺者の周辺などを取材することで、それらが「世間」でタブー視され、徹底的に排除されていることを明らかにした。

そして、次のようにいう。

「隠された風景」の連載を始める前には、十七歳という言葉が時代の言葉になっていました。「人を殺す経験をしてみたかった」と言って殺人を犯した少年をはじめ、少年による凶悪犯罪が続発して、世の中を震撼させていました。そして「どうして人間を殺してはいけないのか」という恐るべき問いが少年から発せられ、大人たちがそれにまともに答えられない状況が生まれていました。

子どもたちに「生きている」というヒリヒリした実感がないことが、それらの背景にあるのではないか。ではなぜ、「生」の実感がないのか。それは「死」が隠されているからではないか。「生」を支えている膨大な「死」が、あたかも存在しないかのように見えない所に追いやられてしまっているから、逆に「生」が実感できなくなってしまっているのではないかと思いました。(70)

私も覚えがあるが、かつては家庭でニワトリを飼っていて、卵を産まなくなったりしたところで殺して食べるのがふつうだった。子どもたちは、可愛がっていた鳥が殺されるという「残酷」なシーンを目撃するわけで、動物の「死」がごく身近にあった。つまり「死」に対する感覚の直接性・身体性が担保されていた。ところが現在ではそういう機会はほとんどなくなり、ニワトリは肉になってスーパーマーケットに売られているのを見るだけである。誰かが間違いなくニワトリを殺しているのだが、それは私たちの目からは隠されている。

それは家族の死も同じで、日本では家で死ぬのが当たり前だったが、一九七〇年代後半には病院死のほうが多くなり、現在では八〇パーセント以上が病院死で、自宅で家族に看取られて死ぬのはごく少数である。かつてであれば、子どもは家族の死までに至るさまざまなプロセスを体験できたのだが、いまは病院という管理された場所でしか、「死」や「死体」を見ることはない。ここでも「死」は、徹底的に隠されている。

福岡は、「死」が隠されているために、子どもたちに「生きている」というヒリヒリした実感がないという。佐世保や豊川や名古屋の事件で語られる言葉が、「殺したい」という直接的な表現ではなく、「殺してみたい」という間接的な表現になるのは、おそらく子どもたちの間で、「生きている」という実感が乏しいからである。

それに加えて日本では、被差別部落問題に象徴されるように、動物の屠畜に関わる仕事が、現在でも「世間」からの偏見にさらされ、差別され、排除されている。じつは人間や動物の「死」が隠されるのは、日本の「世間」では「呪術性」のルールがあるために、それがケガレと見なされるからだ。

阿部謹也は、ヨーロッパでは中世後期になって、特定の仕事に関わる者への賤視が生まれたという。すなわち阿部によれば、中世の人々は、家や村や都市といった「自然界の諸力を人間がかろうじて制御し得ると考えられていた」小宇宙と、山や森や海といった「その外側に人間にはとうてい制御し得ない諸霊や巨人、小人、死などの支配する」大宇宙という、二つの宇宙のなかで生きていた。[71]

そして、死に関わる職業である刑吏、獄吏、捕吏、墓掘人、塔守、夜警などや、動物に関わる職業である皮剝ぎ、犬皮鞣し工、豚を去勢する者などが、大宇宙と小宇宙を行き来することができる特別の力をもつ異人と見なされ、人々から畏怖された。とくに死を扱うものは、小宇宙から大宇宙へと死者を送り届けるものと考えられた。

ところが、中世後期になってキリスト教が支配するようになると、この二つの宇宙は神の支配下にある一元的な世界に統一されることになった。その結果、この二つの宇宙と一元的世界との間に価値観の対立がおき、かつて畏怖の対象だった職業が賤視の対象に変化していく。こうした賤民はかつてはどこの民族にもみられたが、現在のヨーロッパではこの職業差別は解消されているという。[72]

日本の場合、「世間」が社会に代わることなく、千年以上連綿として続いてきた。「世間」に「呪術性」のルールがあり、ケガレという意識が強いために、とくに「死」と関係する職業に賤視や差別がおこりやすい。「死」や「死体」がケガレであると見なされるために、徹底的に人々から見えないように隠されるのである。

少年たちが「死」や「死体」に異常な興味を示すようになったのは、それらがケガレと見なされ、徹底的に隠されているからである。第2章でふれたように、それに加えて、近年の若者の「保守化」による、あの世や来世やパワースポットへの興味の広がりがある。若者の間で呪術的なものへの関心が異様に高まっている。一九九〇年代末以降の「世間」の「復活」によって、「世間」全体の呪術的傾向が強まっているからである。

父親を尊敬している

佐世保の事件で当初、犯罪の動機として語られたものは、次のようなことだった。

県教育委員会などによると、小学校のときは活発で明るかったが、六年のとき、学校給食に漂白剤を混ぜて大きな問題となった。（略）

女子生徒は昨年十月、大きな転機を迎える。慕っていた母親が病気で死去した。父親は数カ月後に再婚。女子生徒の家族の知人や捜査関係者によると、その前後から、父親との仲が険悪になった。父親をもので殴るなどの暴力も目立った。今春、家を出て、父親名義のマンションで、一人暮らしを始めた。
「お母さんが亡くなって半年もたたないうちに、(父親が)新しい人を連れてきて悲しい」。女子生徒と幼なじみの女子高校生(十七)は、本人が父親の再婚について、こう語っていたのを覚えている。
女子生徒は高校生になってから、ほとんど学校に行っていない。「留学のための準備をするから」。周囲にはそう説明したが、捜査関係者は「実際には不登校の状態だったのでは」と言う。(73)

新聞は、小学六年生のときの給食への漂白剤混入事件を今回の事件の遠因としてあげているが、直接的な動機としているのは、前年の実母の死去と、それから半年もたたないうちの父親の再婚、および若い継母の登場による家庭環境の激変である。光本歩はいう。「母親の死や父親の再婚が短い期間に積み重なるのは大変な心労になる」(74)と。つまりここでは家族関係の激変が、事件の動機と見なされている。大多数のメディアはこうした論調に終始した。

ところがきわめて異例のことだが、こうしたメディアの報道に対して、A子は弁護士を通じて「そうした事実はない」と反論する。弁護士によるとそれは、「少女は父親の再婚について、初めから賛成していた▽再婚について心情を友達に話したことはない▽父親を尊敬している▽母が亡くなって寂しかったので新しい母が来てうれしかった」(75)というものだった。報道を見てわざわざコメントを出したくらいだから、A子が嘘をついているとは考えにくい。

たしかにA子は、「誰でもよかった」として父親も殺害のターゲットにしていたのだから、「父親を尊敬している」とは矛盾するのではないか、という疑問があるかもしれない。しかし、彼女は母親を慕っていたし、父親を尊敬していたし、被害者のB子はもっとも仲がいい友達だった。このことと、殺害のターゲットにしていたことは、中野信子がいうように、「これは矛盾ではなく、彼女の言葉通り解釈したほうがいいのではないか。つまり、父親を好きで尊敬していたから、母親を好きだったから、親友が親友であったからこその犯行(76)」と考えるしかない。

いうまでもなく、こうした動機が不可解な奇妙な事件がおきたときには、つねに「世間」はその動機として、「わかりやすい物語」を求める。「家族の崩壊」ないし「家族の解体」という理由はもっともわかりやすく、かつ「世間」の納得を得やすい。新聞報道は「世間」が要求していることを、ただなぞっただけにすぎない。だから取材対象者の女子生徒も、「世間」の「わかりやすい物語」に沿って記者に語った可能性がある。

一方「専門家の見方」として語られたのは、次のようなことである。湯川進太郎は、「極めて利己的な欲求の『殺してみたい』との衝動を抑えられず、一番の友人を対象に犯行に及んだという無感情な行為は、サイコパスの特徴を備えている(77)」と指摘する。つまりA子はサイコパスだといっている。

また影山任佐は、「私はこの事件を見て、少女Aは発達障害ではないかと疑っています。たとえば、二〇〇〇年に十七歳の高校生が起こした愛知県豊川市の主婦殺害事件では、動機が〝殺してみたかったから〟というもの。知識の面では高校生レベルでも、情緒的には小学生以下のレベルなのが特徴です。そして、少女Aで注目されるのが、小六のときに起こした異物混入事件です。誰が見てもイタズラの範疇を超えているのに、本人には自覚がない。もっと早くにそのサインに気がついて、自分のやったことに向き合わせるべきでした(78)」という。つまり、発達障害の疑いがあるといっている。

これに対して斎藤環は、A子が中学校の卒業文集に寄せた「数える」と題する文章を取り上げ、「これは明らかに読み手を想定して書かれている。言葉が人にどういう影響を与えるか、〝共感の感性〟がなければこういう文章は書けません。そこに知性の高さと偏った早熟性を感じます。私はこの文章を読んで、A子が発達障害でないことを確信しました(79)」と反論する。

もちろんここでいわれているように、事件がおきたのは「サイコパス（精神病質）」とか「発達障害」ないし「アスペルガー症候群」のせいだと専門家から説明されれば、それなりに納得できるような気がする。しかしそれが錯覚にすぎないのは、「サイコパスだったから、サイコパスがするようなことをした」と同義反復の説明をしているにすぎず、要するに原因の説明になっていないからだ。その病気が由緒正しい統合失調症だろうが、うつ病だろうが、こうした事態の本質は変わらない。トマス・スティーブン・サズがいうように、精神病そのものは、犯罪をおこした原因の説明にはなりえないのだ(80)。

斎藤環はいう。「発達障害という言葉がこれほど流行《はや》っている国は日本しかないんです。障害というほど問題がない人も、相対的にコミュ力が低いとか、空気を読まない、そういった浅いレベルで、レッテル貼りとして、アスペルガー症候群とか言われてしまう状況があって、これは専門家を巻き込んだ非常に嘆かわしい事態です(81)」と。

斎藤は、やたらに「発達障害」や「アスペルガー」のせいにするなと怒っている。要するに精神医学的ラベリングは、不可解な事件の際に、「わかりやすい物語」を提示することができないぐらい動機が「わけがわからない」場合に、「世間」を納得させ安心させる便利なツールになっているのだ。言い換えればそれは、こうした奇妙な事件がおきたときに、事件によって不安定化した「世間」の共同感情を元に戻し、安定化させるために使われているにすぎないともいえる。

動機としての「承認の二重化」

ではいったいこの事件の動機を、どのように考えればいいのか。じつは事件がおきたときに、私は奇妙な既視感を覚えたのだが、それで思い出したのが、かなり前におきたある少年事件である。

それは、一九八八年七月八日の「目黒区中学生両親祖母殺害事件」である。この事件では、目黒区に住む中学二年生の男子（十四歳）が、あらかじめ金属バットと包丁、電気コードを用意し、まず母親を金属バットで襲い、物音で目を覚ました会社役員の父親（四十四歳）を金属バットで殴り、包丁を使って刺殺。次に母親（四十歳）を殺害、さらに祖母（七十歳）も殺害した。三人はメッタ刺しにされていた。その後、この中学生は返り血を浴室で洗い流し、マンガを読んで時間をつぶしたという。

あまりに異様な犯罪だったために、「世間」は大騒ぎになった。当時語られた事件の動機は、両親から成績が下がったことについて叱られたこと、犯行当日の夜中に腹が痛くて母親を起こしたところ、「いつまで起きているの」と叱られ、「普通の親ならさすってくれるのに、うちの親はさすってもくれない」と思ったことである。つまり犯罪の動機は、母親の愛情不足などの家族関係の軋轢にあるとされた。

ところがしばらくたつと、学校の友人に「南野陽子を乱暴して自殺する。両親に迷惑がかかるので、事前に殺すつもりだ」と、犯行を予告していたことがわかってくる。さらには驚くべきことに、犯行当夜に友人に殺人の誘いの電話をかけ、明け方に実際に自宅を訪れた友人とともに、電気コードを祖母の首に巻き付けて殺そうとするが、この友人はビビって逃げている。

翌朝、三人を殺害したあとに、別の友人に電話し外で会って殺害を告白するが、この友人は冗談だろうと本気にしない。そこでまた別の友人に電話して外で落ち合い、この友人も殺害を信じなかったので、自宅に招き入れて死体の「現場検証」までさせている。

つまり当初語られた「家族関係の軋轢」という動機は、ほとんど意味がなくなっていた。それは警察なり検察なりが、「世間」にとって「わかりやすい物語」を、動機としてメディアに提示したものにすぎない。この中学生には少年審判で精神鑑定がおこなわれたが、狭義の精神障害は認められないとして、初等少年院送致の決定がなされた。これが精神病でないとすれば、いったいどう解釈したらいいのか。

私がこの事件を調べたときにひどく奇妙に思ったのは、中学生の友人の数の多さである。学校で友人たちに犯行予告をしたり、犯行当日だけでも、犯行を手伝いかけた者を含め、三人の友人が登場する。さらには、家族の殺害を友人たちに予告し、それを本当に実行することによって、友人たちから認められたいという、異常なほど強い承認欲求があることである。(82)

佐世保の事件について、中野が興味深いことを指摘している。

今回の犯行の動機は、異様に強い承認欲求にあると考えると、すべての行動が合理的に説明できる。

おおまかに二つの承認欲求がこの殺人を裏打ちしている。殺害によって、被害者に受容されたという近接した関係における満足感と、「あなたたちとは違って人を簡単に殺せる『特別な自分』」をアピールし、異常者と騒がれることによって世間から受容されたという遠い関係における満足感。これら承認欲求を満たすという目的を考えるとすべての面で成功している。

こうした欲求を持つ、反社会性の高い個体にとって、殺人とは、相手や世間から承認を得るために真っ先に思い付く、最も単純で簡便な方法といえるだろう。敢えて名付けるなら「承認欲求系殺人」だろうか。(83)

前に述べたように、ここで指摘されているのは、浅野がいう「承認の二重化」である。つまり、中野の指摘する「近接した関係」での親しい他者からの承認と、「遠い関係」での「世間」からの承認である。これが浅野が例としてあげている「便所メシ」の場合と異なるのは、佐世保の事件では、親しい他者からの承認とそれによる満足が、相手を殺害することによってしか得られないという点である。

「承認の二重化」のうち、親しい他者というのは、被害者のB子がまさに親友という存在だったから、彼女からの承認を求めていたことがわかる。また、「世間」からの承認ということでは、弁護士を通じたA子のコメントに表れているように、事件の報道内容にかなり敏感になっていることがわかる。彼女にとって報道とは、まさに「世間」の反応、「世間」から自分がどう見られているかを示しているからだ。「世間」の反応という点では、加藤元被告も渡邊元被告も、ネット上で自分がどう見られているかについてきわめて敏感に反応していた。

「便所メシ」に象徴されるように、現在人々の間でこうした承認欲求が高まっているのは、一九九〇年代末以降の「世間」の「復活」によって、「世間」から承認を得なければならないという、「世間」の側からの同調圧力が強まっているからにほかならない。それは、「世間」に生きることの息苦しさや閉塞感の強まりとして表れる。

私には、こうした同調圧力の息苦しさや閉塞感を、独特のアンテナでもって敏感に感じ取っている者こそ、これまで述べてきた「サイコパス」なり、「発達障害」ないし「アスペルガー症候群」なり、あるいは異邦人としての「被虐うつ」などと呼ばれる存在なのではないかと思えるのだ。

注

（1）渡邊博史『生ける屍の結末――「黒子のバスケ」脅迫事件の全真相』創出版、二〇一四年、二九〇

ページ
（2）加藤智大『解』（「サイコ・クリティーク」第十七巻）、批評社、二〇一二年、四九ページ。同『解＋――秋葉原無差別殺傷事件の意味とそこから見えてくる真の事件対策』（「サイコ・クリティーク」第二十一巻）、批評社、二〇一三年、同『東拘永夜抄』批評社、二〇一四年、参照
（3）同書二五ページ
（4）同書六〇ページ
（5）同書七〇ページ
（6）同書一〇〇ページ
（7）和辻哲郎『風土』岩波書店、一九九〇年、一三七ページ
（8）同書一三八ページ
（9）木村隆夫「秋葉原無差別殺傷事件、加害者Kの育ちと犯罪過程の考察」「日本福祉大学子ども発達学論集」第六号、日本福祉大学子ども発達学部、二〇一四年、八四ページ
（10）片田珠美『無差別殺人の精神分析』（新潮選書）、新潮社、二〇〇九年、一四六―一六四ページ、参照
（11）木村敏『人と人との間――精神病理学的日本論』弘文堂、一九八一年、一二四ページ
（12）前掲『解』一五五ページ
（13）ミシェル・フーコー編『ピエール・リヴィエールの犯罪』岸田秀／久米博訳（「現代思想選」第二十一巻）、河出書房新社、一九八六年、二二〇ページ。これが刑法上の「責任ある主体」の歴史的成立とパラレルな関係にあることについては、佐藤直樹「刑法における「責任ある主体」の問題――責任能力概念の成立を手がかりとして」（「法政理論」第三十巻第四号、新潟大学、一九九八年）一三―

三九ページ、参照。
(14) 浅野智彦「孤独であることの二つの位相」、大澤真幸編『アキハバラ発〈〇〇年代〉への問い』所収、岩波書店、二〇〇八年、一八七―一九〇ページ
(15) 中島岳志『秋葉原事件――加藤智大の軌跡』朝日新聞出版、二〇一一年、一五ページ
(16) 前掲「孤独であることの二つの位相」一九五ページ
(17) 前掲『秋葉原事件』一五―一六ページ
(18) 同書九五―九六ページ
(19) 「西日本新聞」二〇〇八年九月二十六日付
(20) 浅野智彦『趣味縁からはじまる社会参加』(若者の気分)、岩波書店、二〇一一年、二一―二二ページ
(21) 前掲『解』四四ページ
(22) 同書一三七ページ
(23) 前掲『秋葉原事件』一四六―一四七ページ
(24) 林信吾『しのびよるネオ階級社会――〝イギリス化〟する日本の格差』(平凡社新書)、平凡社、二〇〇五年、二四ページ。前掲『暴走する世間』二二九ページ以下、参照
(25) 藤巻忠俊『黒子のバスケ』全三十巻(ジャンプ・コミックス)、集英社、二〇〇九―一四年
(26) 前掲『生ける屍の結末』一五九ページ
(27) 同書一七一ページ
(28) 「AERA」二〇一四年五月十九日号、朝日新聞出版、五八ページ
(29) 前掲『生ける屍の結末』一六四―一六五ページ

(30)同書二三八―二三九ページ
(31)同書一五九ページ
(32)同書一六五ページ
(33)法務総合研究所編「法務総合研究所研究部報告五十　無差別殺傷事犯に関する研究」法務総合研究所、二〇一三年、八一―八四ページ
(34)前掲『生ける屍の結末』二七〇ページ
(35)高橋和巳『消えたい――虐待された人の生き方から知る心の幸せ』筑摩書房、二〇一四年
(36)前掲『生ける屍の結末』二四〇ページ
(37)前掲『消えたい』三〇ページ
(38)同書七七―八四ページ
(39)同書八五ページ
(40)前掲『生ける屍の結末』二四六ページ
(41)同書一八五ページ
(42)「週刊現代」二〇〇八年六月二十八日号、講談社、二三ページ
(43)前掲『秋葉原事件』三一―三二ページ、前掲『東拘永夜抄』一四ページ
(44)前掲『生ける屍の結末』二三三ページ
(45)同書三〇三ページ
(46)同書二五五ページ
(47)同書二五二―二五三ページ
(48)同書二五三―二五四ページ

(49) 子ども「プチ世間」の詳細については、第1章の注（49）で掲げたもののほかに、前掲『暴走する世間』四四ページ以下、参照。
(50) 前掲『「空気」と「世間」』七二ページ
(51) 前掲『生ける屍の結末』二五五ページ
(52) 同書一三一ページ
(53) 同書一三一ページ
(54) 同書二八九ページ
(55) 同書二八六―二八七ページ
(56) 同書二四七ページ
(57) 同書二四六―二五二ページ
(58) 同書二六六ページ
(59) 同書二七七ページ
(60) 対人恐怖が外国ではほとんどみられないことについては、前掲『「世間」の現象学』一四五ページ以下、参照。
(61) 前掲『生ける屍の結末』二五九ページ以下
(62) 前掲『消えたい』二二四―二二五ページ
(63) 同書二七三ページ
(64) 〈世間―内―存在〉〈世間―外―存在〉〈世間―間―存在〉の詳細については、前掲『なぜ日本人はとりあえず謝るのか』二〇八ページ以下、参照。
(65) 「週刊ポスト」二〇一四年十一月十四日号、小学館、一五四―一五七ページ

(66) 秋葉原事件の実弟の自殺をめぐる詳細については、「週刊現代」二〇一四年四月二十四日号（講談社）、参照（電子版「独占スクープ！「秋葉原連続通り魔事件」そして犯人（加藤智大被告）の弟は自殺した 兄は人殺し、その家族として生きていくことは苦痛そのものだった……」〔http://gendai.ismedia.jp/articles/-/39034〕［二〇一五年二月十九日アクセス］）。
(67) 藤井誠二著、山田茂写真『人を殺してみたかった――十七歳の体験殺人！衝撃のルポルタージュ』（双葉文庫）、双葉社、二〇〇三年、一四九―一五八ページ
(68) 松本孝幸『やわらかな未知のものがたり――現代〈表現〉論』大和書房、一九八八年、二四ページ
(69) 前掲『つながりを煽られる子どもたち』一九ページ
(70) 福岡賢正『隠された風景――死の現場を歩く』南方新社、二〇〇四年、二〇〇―二〇一ページ
(71) 前掲『近代化と世間』五九ページ
(72) 同書三八―八六ページ。前掲『隠された風景』五七―五八ページ、参照
(73)「朝日新聞」二〇一四年七月二十九日付
(74) 同紙
(75)「朝日新聞」二〇一四年八月一日付
(76) 中野信子「佐世保「少女A」の歪んだ承認欲求」「新潮45」二〇一四年九月号、新潮社、八三ページ
(77)「朝日新聞」二〇一四年八月二日付
(78)「週刊新潮」二〇一四年八月七日号、新潮社、二七ページ
(79)「週刊文春」二〇一四年八月十四・二十一日号、文藝春秋、三五ページ
(80) トーマス・S・サズ『精神医学の神話』河合洋ほか訳、岩崎学術出版社、一九七五年、五ページ以

下。前掲『刑法39条はもういらない』一四〇ページ以下、参照

(81) 斎藤環「弱者化した若者を表すキーワード」、前掲『生ける屍の結末』所収、三二五ページ参照。

(82) この事件の詳細については、前掲『増補版 大人の〈責任〉、子どもの〈責任〉』一七三ページ以下、参照。

(83) 前掲「佐世保「少女A」の歪んだ承認欲求」八四ページ。なお長崎家裁は二〇一五年七月十三日、A子に対し第三種少年院送致とする決定を下した。「新潮45」編集部編「「いまだに殺人欲求を抱き続けている」と断じた衝撃の判決文公開」「新潮45」二〇一五年九月号、新潮社、一〇四―一〇八ページ、参照

おわりに

二〇一四年に東京都で落とし物として届けられた現金が三十三億四千万円、そのうち約七四パーセントの二十四億七千万円が落とし主に戻るそうである。現金に限らず、日本は、落としたモノが戻ってくる世界一安全で、かつ親切な国である。たしかにこの意味で、日本は諸外国に比べれば、「天国」といっていいのかもしれない。

しかし、現在の政治権力のファシズム的暴走と、それを圧倒的に支えている「世間」の「復活」の動きを見ると、今後息苦しさや閉塞感がどんどん加速していき、このままでは本当にブレヒトがいうような、「おれたちぬきの天国」が実現するかもしれない。いや、それはもうとっくに、実現しているのかもしれないとも思う。

いま日本のメディアでは、現実無条件肯定の「ニッポン万歳」という空気が蔓延し、日頃は温厚な私も「いーかげんにしろよな」と思うことがやたらに多い。問題なのは、必ずしも「上」からではない、忖度や自己規制や自粛という「下」や「横」からの圧力によって、現実を批判しにくい状況が、明らかに生まれていることである。「世間」のこのような同調圧力は、絶対のチカラをもつ。いったいどうすればいいのか。

太宰治は『人間失格[1]』のなかで、主人公が女道楽をとがめられて「これ以上は、世間が、ゆるさないからな」と言われ、「世間というのは、君じゃないか」と相手につぶやく場面を書いている。このように個人的な感情を、「世間」とか「みんな」とか大きな主語に仮託して、自分の発言を正当化したり、自分の責任を回避することを、ネットスラングで「太宰メソッド」というらしい。

面白いと思うのは、これは「世間」の同調圧力に「水を差す」ということであって、「世間」の背後に隠れて匿名性にひたっている individual たる個人を浮き立たせる。なぜなら、「君じゃないか」と言われた相手はそう思う理由を、「世間」ではなく、まさに個人として説明しなければならなくなるからだ。

だからいま必要なのは、「世間」という〈生活世界〉を生きるなかで、このような「太宰メソッド」に無意識に陥っていないかどうか、individual たる個人として、つねに批判的知性をはたらかせることだろう。というのも、「非国民」とか「国賊」とかいった排除の言説を生み出す「新しいファシズム」が胚胎するのは、まさにこうした日常の私たちの「態度」にだからだ。

本書を書いた理由は、ここ十五年ぐらいの間に日本にいったい何がおきているかを、自分自身に対してクリアにしたかったからである。書いてみてから、自分がなぜ書いたのかがやっとわかるというのもヘンだが、これで「出撃拠点」はできたように思う。とはいえ、どこへ出撃する「拠点」になりうるのか、あとは読者のみなさんの評価にゆだねるしかない。

本ができるまでに、青弓社の矢野未知生さんにお世話になった。書きます、書きますと約束しておきながら、たぶん五年ぐらいはお待たせしたのではないかと思う。これでやっと「狼オジさん」

にはならなくてすむ。辛抱強く待っていただいた矢野さんに、心から感謝したい。

二〇一五年三月

佐藤直樹

注

（1）太宰治『人間失格』（集英社文庫）、集英社、一九九〇年

［著者略歴］
佐藤直樹（さとう なおき）
1951年、宮城県生まれ
九州工業大学名誉教授・現代評論家
1999年の日本世間学会創立時に、初代代表幹事として参画。現在、新聞・雑誌・テレビ・ラジオなどで、世間についての評論活動を続けている
専攻は刑事法学、現代評論、世間学
著書に『「世間」の現象学』『刑法39条はもういらない』（ともに青弓社）、『世間の目』（光文社）、『暴走する「世間」』（バジリコ）、『暴走する「世間」で生きのびるためのお作法』（講談社）、『なぜ日本人はとりあえず謝るのか』（PHP研究所）、『なぜ日本人は世間と寝たがるのか』（春秋社）など
ウェブサイト http://www.satonaoki.com

青弓社ライブラリー86

犯罪《はんざい》の世間学《せけんがく》　なぜ日本では略奪も暴動もおきないのか

発行——2015年12月10日　第1刷
2018年 4 月27日　第2刷

定価——1600円＋税

著者——佐藤直樹

発行者——矢野恵二

発行所——株式会社青弓社
〒101-0061 東京都千代田区神田三崎町3-3-4
電話 03-3265-8548（代）
http://www.seikyusha.co.jp

印刷所——三松堂

製本所——三松堂

ISBN978-4-7872-3394-3 C0336

岩竹美加子

PTAという国家装置

敗戦後にGHQが指導した教育民主化の理念と、戦前の母の会など旧態の組織とがない交ぜになった性格をもつPTAを、歴史的な背景、教育行政や地域組織との関係性から考察する。定価2000円＋税

山本雄二

ブルマーの謎

〈女子の身体〉と戦後日本

独特の体操着＝ブルマーは、なぜ一気に広がって30年間も定着したのか。資料探索や学校体育団体・企業への調査から、普及のプロセスと戦後日本の女性観の変容を明らかにする。　　定価2000円＋税

本田由紀／伊藤公雄／二宮周平／千田有紀 ほか

国家がなぜ家族に干渉するのか

法案・政策の背後にあるもの

家庭教育支援法案、自民党の憲法改正草案（24条改正）、官製婚活などを検証して、諸政策が家族のあり方や性別役割を固定化しようとしていることを明らかにする。　　定価1600円＋税

倉橋耕平

歴史修正主義とサブカルチャー

90年代保守言説のメディア文化

現代の「原画」としての1990年代の保守言説を、アマチュアリズムと参加型文化の視点からあぶり出し、歴史修正主義（歴史否定論）とメディアの関係に斬り込む社会学の成果。　　定価1600円＋税